ESCRIBE TU VIDA
EL PLACER DE NARRARTE

Silvia Adela Kohan

ESCRIBE TU VIDA
EL PLACER
DE NARRARTE

UN VIAJE ÍNTIMO CON 16 ETAPAS
Y 60 EJERCICIOS INSPIRADORES

DIBUJOS: NAHUEL SERRÀ SELINGER

terapiasverdes

Argentina – Chile – Colombia – España
Estados Unidos – México – Perú – Uruguay

A Margarita López Carrillo y Esperanza Aguilá,
con las que comparto un ritual mágico:
una vez a la semana nos leemos lo que escribimos y,
bajo la luz de la tarde, solo existe ese momento.

DARTE PERMISO PARA ESCRIBIR
ES DÁRTELO PARA VIVIR

Escribe tu vida es escribir sobre uno mismo o una misma, ya sea para la creación literaria o para ti. Ambos aspectos y más, tuve la dicha de desarrollar en este libro, compuesto por dieciséis Paradas, distribuidas en cuatro partes: 1. Antes de empezar - 2. Por dónde empezar - 3. Durante la escritura - 4. Las consecuencias y cómo acabar. Y contiene 60 ejercicios inspiracionales.

A medida que avances, podrás conocer las razones por las que puedes confiar en tus historias. Tu autobiografía es tanto la vida que tuviste como la que te gustaría tener. De cómo la cuentas, en qué centras el eje, dónde colocas la emoción de tu subjetividad, depende que encuentres la serenidad interior al saber más de ti. A mí me pasó.

Durante muchos años, persistió en mí el deseo latente de escribir mi vida. Pero no lo hacía. Mientras escribía una tras otra las Guías del Escritor y muchos otros libros, impartía talleres de escritura en distintos lugares del mundo, dirigía una revista literaria, y más cosas, me autoengañaba diciendo que no tenía tiempo, hasta que me llegó una pregunta que fue el detonante. Me lancé a escribir por fragmentos, buscaba la manera de decir lo que no me atrevía a decir. Sabía que tenía una voz propia. Precisamente por eso contrataban mis libros en las editoriales, pero ahora era diferente: iba a hablar de mí para esclarecer un enigma y me proponía hacerlo desde mi verdad emocional.

La experiencia fue mágica. Lloré y reí. No me imaginé que me llevaría hacia un cambio de actitud ante el mundo. Fueron testigos mis dos amigas escritoras, con las que nos reunimos los miércoles por la tarde a leernos mutuamente nuestros capítulos o fragmentos autobiográficos. Coincidimos en que lo esencial, durante el trayecto, era no autoengañarse. Así, hay instantes impensados y revelaciones impactantes. Eso me dio alas para transmitir mis descubrimientos y vivir mejor de allí en adelante.

Empecé este libro por el título y desarrollé los distintos apartados con la intención de que funcionasen como una guía para tu viaje: contiene estrategias esenciales, confesiones de escritores emblemáticos y técnicas del oficio, para que crees tus propias reglas y lo escribas a tu manera. Espero que te llegue tanto como quise transmitirte.

La escritura es infinita, como le escuché decir a Jorge Luis Borges, mi querido profesor. A la vez, puesto que tu vida es tuya, tu modo de contarla también lo es. Cualquier propósito es válido. A medida que avances por estos capítulos, sabrás más acerca de tu propósito y del tema más revelador para ti.

Escribe desde tu momento vital, desde tu enfoque del mundo, desde tus prioridades y tus anhelos, desde lo que no entiendes del todo. Cuando tras la entrega del Premio Nobel le preguntaron al escritor Saul Bellow qué sentía, respondió: «Hasta que no lo escriba, no lo sabré».

Una es su propia diosa o su propio dios. Por consiguiente, la vida escrita (y, por cierto, la vivida) debería tener el sentido que le queramos dar. Escribir abre puertas hacia donde menos te lo esperas. Al revisitar tu vida, puedes encontrarte un tesoro. Adelante, pues.

El itinerario consiste en encontrar marcas antiguas
que te proporcionen respuestas actuales.
La meta es diseñar hoy los recuerdos placenteros
del futuro.

PRIMERA PARTE

ANTES DE EMPEZAR

¿CUÁL ES LA LLAVE
QUE ABRE LA PUERTA
DE TU MEMORIA?

TE CUENTO

Cuando una alumna del taller me preguntó qué le diría a alguien que no sabía por dónde empezar su autobiografía, le respondí:

—Le diría que indague en algún episodio que su memoria le traiga de forma reiterada, y que tire de ese hilo.

A mí se me repetía un episodio que contó mi tía, dueña de una lujosa peletería en Buenos Aires. Ni siquiera era una escena vivida directamente por mí, yo tendría casi veinte años cuando pasó. Ya ves, en la historia personal también pesa lo que nos contaron. Resulta que a última hora de una tarde entró en la peletería una pareja. La mujer le dijo que su compañero quería regalarle un abrigo de visón que ella había visto allí esa semana. Se lo probó, el compañero lo pagó, ella lo abrazó emocionada y dijo que lo vendría a buscar al día siguiente para medirse el largo, que le gustaría acortarlo unos centímetros. Tanto mi tía como su acompañante insistieron en que le quedaba perfecto así, pero ella no se convenció y, con una sonrisa, dijo que volvería y se lo miraría con calma. Al día siguiente volvió. Pero ahora con otro acompañante. Le indicó a mi tía que la acompañara al probador. Allí le dijo, bajando la voz, que era su marido, que pagaría otra vez el abrigo y que ella se llevaría ese dinero y el abrigo, sin tocarle el ruedo. Salió del probador y dijo: «¿Te gusta cómo me queda, querido?». El marido asintió con un gesto. La mujer lo abrazó, con menos efusividad que al compañero, recogió disimuladamente el dinero y se llevó el abrigo puesto. Consiguió que los dos creyeran que se lo habían regalado, y ella lo usaría en paz.

Pues esta anécdota se me repetía cada tanto y yo no encontraba el motivo hasta que la escribí. Los hilos y las ramificaciones que surgieron, tras compararme con ella, preguntarme cómo hubiera actuado yo en su lugar, asociar con momentos vividos y personajes, me aportaron pautas sobre mí, con las que hubiera podido iniciar otro libro.

PARADA 1: EL CENTRO ERES TÚ

Unos dicen «mi vida es una novela» y cuando la escriben, el resultado es una historia aburrida, lineal. Otros creen que no tienen nada interesante para contar y piensan qué suerte han tenido la Duras o García Márquez, entre otros, por haber vivido historias especiales. Sin embargo, más que lo que les ha pasado es la percepción de eso que han vislumbrado y el arte que han tenido para mostrarlo (para «contarlo»). Eso ha hecho memorable su relato.

Tanto para escribir una autobiografía propiamente dicha como para novelarla, una opción es combinar lo real con lo ficticio, puesto que lo autobiográfico no se remite a lo experimentado directamente, sino también a lo deseado y lo fantaseado.

Una manera grata de empezar es imaginar que vas a viajar por tu interior, con la ventaja de que será un viaje por el tiempo que incluye diversos itinerarios y diversos encuentros con los personajes que marcaron tu camino de las maneras más diversas, para bien y para mal. Y en el que, tras cada encuentro, acabas saliendo reforzado.

Ese viaje por el tiempo será hacia el pasado, pero te dará respuestas para tu presente y para tu futuro.

Escribes para recordar y, a medida que recuerdas, encuentras respuestas y razones en las marcas que te dejó el pasado. Lo emocionante de este proceso es que una idea te lleva a otra de modo inesperado. Cada situación evocada encubre otras que salen a la luz y te ofrecen interesantes hitos. Es un placer revivir los mejores momentos. Y una satisfacción, entender y sacar partido de los peores.

Prepárate entonces para escribir libremente lo que fue, pero también lo que tú crees que en realidad hubo y hasta lo que podría haber sido.

En este sentido, tanto en mi propia historia de vida como en la de mis alumnos, comprobé que resulta muy eficaz empezar a escribir teniendo al menos una idea aproximada de cuál sería el nudo central a desplegar durante el recorrido, aunque sea provisorio.

Es posible que cuando hayas escrito una parte, te des cuenta de que el nudo central era otro. A una chica le pasó que empezó a escribir creyendo que el nudo de su historia se centraba en el paralelismo entre su padre y su marido y, cuando llevaba hechos unos cuantos ejercicios para acopiar material, comprobó que el leitmotiv era su propio miedo, ese sería el nudo central.

Ante todo, presta atención a tus actitudes

Con la actitud me refiero a tu disposición de ánimo, tu talante, tu postura, a la hora de escribir.

Actitud: *Lanzar fuera*. Empieza por la necesidad de contar aquello que hace tiempo elaboras mentalmente. Escribe por compulsión. Deja que salgan las ideas sin ningún tipo de freno.

Actitud: *Descubrimiento*. Con la primera lectura toma la actitud de descubrir qué escribiste en lugar de colocar el chip de la autocrítica. Comprueba si ha salido tu voz auténtica, el tono, y apunta en qué consiste esa voz, qué le falta, qué le sobra.

Actitud: *Intención de que nada interrumpa la fluidez*. Revisa reiteraciones, desconexiones entre las ideas, explicaciones pobres, no demasiado claras. Comprueba que el orden sea el más acertado.

Actitud: *Desdoblamiento. Ser otro u otra.* Relee pensando en el lector, imagino qué espera ese lector de este libro. Me pregunto si está claro, si le será útil, si aporto mi experiencia, con reflexiones, si destaco lo esencial, si doy buenos ejemplos, si las citas amplían la mirada.

Actitud: *Temor.* A contar episodios que guardas en secreto, a revelar asuntos prohibidos, a nombrar a las personas conocidas, etc. OJO, ya verás que considero negativa esta actitud y te la muestro desde distintos ángulos, para ayudarte a superarla.

Actitud: *Contra la tristeza.* Si este es tu motor, lee a Jean Rhys, ella decía que escribía para olvidar, para librarse de los momentos tristes, y una vez escritos, desaparecían. Cuando estaba excitada por la vida, no quería escribir en absoluto. Nunca ha escrito siendo feliz. No deseaba hacerlo. Pero agrega: «Nunca he tenido un período de felicidad prolongado. Creo que escribo sobre mí misma porque eso es lo único que verdaderamente conozco».

Lee sus novelas, perfectamente construidas, *Ancho mar de los Sargazos,* por ejemplo, y analiza cómo trasciende el momento vivido, cómo transmite esos sentimientos que la acosaban.

Entonces, indaga en tu interior antes de planificar

Escribir es también «escribirnos», recuperar huellas. Somos como un baúl repleto de trastos y de tesoros. Nos asombramos de nuestras respuestas y de nuestras reacciones. No conocemos a fondo nuestro potencial. Cuando más adelante lo leas, puede ser que sientas que tú mismo te has tendido una mano.

En muchos casos, escribir sobre uno mismo es como destapar una olla a presión. No hay mayor agonía que llevar una historia reprimida dentro de ti.

Conocer previamente las respuestas puede aumentar tu propia confianza como narrador. Responde a las siguientes preguntas antes de ponerte a escribir:

- ¿Por qué voy a contar esta historia?
- ¿Por qué me importa?
- ¿Por qué será importante para los demás?
- ¿Cómo quiero que se sienta el lector cuando lea esta historia?
- Si le estuviera contando mi historia en voz alta a alguien, ¿cómo sonaría mi voz?
- ¿A quién se la contaría?

Todo cambia según la mirada desde la que mires. Si a diez personas que vivieron la misma situación durante el mismo lapso de tiempo se les pidiera que la escribieran, cada uno relataría una versión distinta.

Ser sincero

La actitud principal es la de ser sincero. Ser sincero no significa que trates de contar los hechos siendo fiel a la realidad, sino que lo hagas desde tu verdad emocional, incluso que inventes lo necesario para transmitir tus sentimientos con la mayor veracidad. O agrega reflexiones, comparaciones y suposiciones. De este modo, la escritura convoca a los fantasmas.

ATENCIÓN: La voz natural es un producto de nuestra autobiografía.

Las voces de los personajes son productos del oficio.

Ser más que un nadador

Partiendo de que todo lo que escribimos, y lo que contamos oralmente, pasa por nuestra autobiografía, incluso un informe comercial, prepara tus antenas para abrir nuevos caminos.

LA CONFESIÓN DE JUSTO NAVARRO

«Recuerdo un periodo de tiempo en el que trabajé en una cafetería como contable y me imaginaba perfectamente el carácter de los distintos representantes de licores por las cartas que mandaban, incluso por cómo las encabezaban y las acababan y por cómo ponían su firma en el papel. Cuando venían por allí tenía mucha curiosidad por conocerlos y comprobar mis pesquisas. Cuando escribo sobre un héroe de la división azul, o escribo sobre un controlador aéreo, o sobre un escritor que se llama Ferrater, en realidad estoy pensando en mi vida. Creo que cuando alguien se pone a escribir tiene que preocuparse de ver todo lo que pueda ver, de ser más que un nadador, un buceador, que no solo vea la superficie sino que se sumerja en el agua. No creo que se pueda llegar a dar una copia del mundo, que sea completamente legible, pero podemos dar nuestra visión del mundo con la mayor fidelidad que seamos capaces y con la mayor honradez».

Ser un reinventor

Enfoca cada evocación agregando lo que te parezca necesario para que resulte ameno y sugiera algo más, de modo que la reinvención resulte más cierta y más o tan interesante como el hecho en sí.

Se trata de mirarlo como por primera vez. Lo amplía Krishnamurti: «Abordemos la flor, o lo que fuere, con un sentido de novedad, con una calidad nueva de examen: mirémosla como si nunca la hubiésemos mirado antes».

Ser curioso

El retrato es una forma de ejercer la curiosidad.

Ser curioso es necesario, es una actitud imprescindible mientras nos observarnos y observamos el entorno.

La curiosidad es esencial en la técnica de la fotografía, que abarca aspectos útiles en el territorio de la escritura, funciona como un disparador o una brújula. Disparador, porque amplía nuestro modo de captar lo que nos rodea; brújula, porque es un instrumento de orientación. Conviene recordar lo que dice el fotógrafo francés Henri Cartier Bresson: «Fotografiar es poner en el mismo punto de mira la cabeza, el ojo y el corazón».

En este sentido, el retrato pasa a ser tu mejor herramienta para retratarte a ti mismo y a otras personas. Te muestro algunos ejemplos:

- De los rasgos físicos, como hace Álvaro Mutis, en *Diario de Lecumberri*:

De alta y desgarbada figura, rubio, con un rostro amplio y huesudo que surcaban numerosas arrugas de una limpieza y nitidez desagradables, como si usara una piel ajena que le quedara un poco holgada: al hablar subrayaba sus siempre vagas e incompletas frases con gestos episcopales y enfáticos y elevaba los ojos al cielo como poniéndolo por testigo de ciertas nunca precisadas infamias de que era víctima. Tenía costumbre de balancearse en sus grandes pies, como suelen hacerlo los prefectos de los colegios regentados por religiosos, imprimiendo una vacilante y temible autoridad a toda observación que salía de su pastosa garganta de bedel. Su figura tenía algo de vaquero del oeste que repartiera sus ocios entre la predicación y la homeopatía.

- Del mundo interior, para retratar afectivamente a un personaje, como el de Vicente Aleixandre sobre Federico García Lorca:

A Federico se le ha comparado con un niño, se le puede comparar con un ángel, con un agua («mi corazón es un poco de agua pura», decía él en una carta), con una roca; en sus más tremendos momentos era impetuoso, clamoroso, mágico como una selva. Cada cual le ha visto de una manera. Los que le amamos y convivimos con él le vimos siempre el mismo, único y sin embargo cambiante, variable como la misma naturaleza. Por la mañana se reía tan alegre, tan clara, tan multiplicadamente como el agua del campo, de la que parecía siempre que venía de lavarse la cara.

- Mixto: Tanto los rasgos externos como los internos le proporcionan a Francisco Umbral datos para evocar al personaje:

Eusebio García Luengo (…) tenía los ojos muy negros, agudos bajo aquellas cejas tremendas, de un nietzscheanismo irónico y frustrado. Tenía los pómulos muy salientes —erizados de pelo de barba—, y la boca hundida, con dientes sospecho que poco sanos. Llevaba siempre unos trajes que parecían lamentables, pero que si uno se fijaba un poco eran incluso nuevos y correctos. Lo que pasaba es que Eusebio García Luengo envejecía los trajes de dentro afuera, les comunicaba su cansancio interior, su desgalichamiento de alma, su escepticismo. Muy delgado, algo hundido, lento y pacífico, siempre sin prisa, teorizante de esquina y filósofo al azar, Eusebio García Luengo era un conversador fascinante, original, inesperado y de largo aliento. todo le nacía de un fondo sistemáticamente paradójico e irónico, y el único que no advertía su burla era el sometido en aquel momento a ella.

Abro paraguas para los temerosos, ¿cómo camuflarte?

Muchos buscan recursos para no exponerse ni exponer a sus seres queridos. ¿Cómo tratar los temas, o los personajes, sin que se sepa quién es quién?

En principio, empieza a narrar con la actitud de que lo narrado es ficción. Puedes **resguardarte en la autoficción.** Es decir, sugerir que lo que cuentas no es del todo verdad ni del todo mentira, mantener la duda. ¿Acaso quién puede comprobar que sucedió? ¿Cómo se podría contrastar? Por otra parte, la memoria no es fiable. ¿Entonces? La escritura autobiográfica implica un pacto con el lector, que decide si se lo cree o no.

¿Qué es la realidad y qué es lo inventado? Solo lo sabe el autor y, en todo caso, aquellas personas cercanas que vivieron lo contado. Por lo tanto, el recurso es el camuflaje.

En este inicio de *Reunión*, un cuento de John Cheever, por ejemplo, ¿cómo sabes si lo que relata es inventado o lo ha vivido su autor?:

La última vez que vi a mi padre fue en la Estación Grand Central. Yo iba de la casa de mi abuela, en los Adirondack, a un cottage en el Cabo alquilado por mi madre, y escribí a mi padre que estaría en Nueva York, entre dos trenes, durante una hora y media, y le pregunté si podíamos almorzar juntos. Su secretaria me escribió diciendo que él se encontraría conmigo a mediodía frente al mostrador de información, y a las doce en punto lo vi venir entre la gente. Para mí era un desconocido —mi madre se había divorciado de él hace tres años y desde entonces no lo había visto— pero apenas lo vi sentí que era mi padre, un ser de mi propia sangre, mi futuro y mi condenación. Supe que cuando creciera me parecería a él; tendría que planear mis campañas ateniéndome a sus limitaciones. Era un hombre alto y apuesto, y me complació enormemente volver a verlo. Me palmeó la espalda y estrechó mi mano.

Más adelante, hablamos del pudor.

PARADA 2: RAZONES

La escritura autobiográfica responde a la necesidad de contar lo que nos pasa. Al ponerlo por escrito, se nos abren puertas que no habíamos visto antes. Nuestras parcelas desconocidas se iluminan a medida que escribimos y nos llega lo que menos imaginábamos acerca de los deseos, los traumas o nuestros verdaderos poderes.

Te permite reordenar la historia que te vienes contando por dentro y que le cuentas a los demás desde que naciste. En lugar de seguir repitiéndote el mismo relato una y otra vez en el pensamiento, al llevarlo a la pantalla o a la página, la escritura te ofrece matices que no conocías.

Apuntes autobiográficos, lo escribió Robert Lowell por consejo de los psiquiatras que lo trataban. Dialoga con sus poemas, autobiográficos, y fue a morir a la puerta de la mujer que descalificaba en sus poemas.

De hecho, escribir la vida es una forma de liberación, de recomposición y de satisfacción. De reconstruirse, como sugiere Marlon Brando en su autobiografía. Muchos hitos que configuran un mapa de nuestra propia historia quedarían en la sombra para siempre si no hiciéramos el esfuerzo por sacarlos a la luz.

Esta, bien puede ser una razón.

Otra puede ser la de explorar de dónde vienes para saber a dónde vas.

De hecho, al tomar apuntes, nuestra vida se diversifica, nos muestra matices que no conocíamos y nos vemos desde nuevos ángulos.

Todos somos autores de nuestra propia vida. En consecuencia, eres la dueña o el dueño de tus decisiones, estés donde estés y con quien te encuentres. Se la puede escribir por distintas razones, a veces más de una. Hay muchas y diversas respuestas a esta pregunta. Todas son válidas. Tú tendrás la tuya. O debería ser así. Ya verás, avanzando por estos capítulos sabrás cuál es tu modo más satisfactorio y más revelador.

Las causas suelen no ser absolutas, pueden encubrir otras invisibles, que se hacen visibles una vez que estás llegando al final del libro. Entre esas causas, estas:

Como un medio de conocimiento de ti mismo.

Para compartir con familiares y amigos y dejar un legado personal o una memoria reveladora.

Para mostrar el proceso de una sociedad o un país, contando cómo lo has vivido tú. Stefan Zweig, en *El mundo de ayer,* narra su personal declive interno de forma paralela a la desmembración de la Europa central en plena Segunda Guerra Mundial, es testimonio de los sufrimientos de una vida. En *Estambul. Ciudad y recuerdos,* Orhan Pamuk rememora su vida en Estambul hasta los veinte años. Es un fresco familiar y un retrato de la ciudad.

Para indagar en un trauma. Guillermo Cabrera Infante dejó un texto inédito en forma de autobiografía novelada que se ha titulado

Mapa dibujado por un espía en el que contaba su vuelta a Cuba para asistir al entierro de la madre.

Para darle la vuelta a un momento difícil. *Memorias de África* de Karen von Blixen-Finecke (Isak Dinesen) narra los diecisiete años que Blixen pasó en Kenia en la plantación de café que fundó con su marido, del que, a raíz de sus infidelidades y del poco apoyo que recibía, se divorció y se quedó con la plantación, algo inusual y nada fácil para una mujer de esa época.

Para extraer la significación íntima, personal, de un hecho vivido. *Antes del fin*, de Ernesto Sabato, es una autobiografía novelada que relata la historia de un joven nacido en la pampa argentina, que inicia una carrera científica, pero que la abandona para poder dedicarse a su pasión literaria.

Para mostrar cómo alcanzaste tu sueño a pesar de las dificultades y transmitirles a otras personas las claves.

Para publicar como ficción o no ficción y ser leído por un público amplio.

O quieres repasar tu vida para contarle a tus seres más cercanos cómo es la historia de los ancestros y qué has recibido directa o indirectamente de cada uno.

Hilos de tiempo, de Peter Brook, es la autobiografía de su oficio, el teatro, y cuenta su vida como un aprendizaje artístico. Es otra posibilidad.

**«*Escribo para evitar que al miedo de la muerte*
se agregue el miedo de la vida»,
decía Augusto Roa Bastos**

Hay otras numerosas razones que he visto en tantos a los que he acompañado en su proceso. Yo diría que tantas como personas escriben su autobiografía.

Sin duda es un incuestionable instrumento de supervivencia. Lo demuestran los diversos escritos nacidos de la urgencia, redactados en circunstancias críticas, como los que estaban expuestos en la Biblioteca Nacional de París, bajo el título: *Manuscrits de l'extrême*, tanto de autores famosos como anónimos. Algunos redactados en la cárcel con sangre y sobre pedazos de camisas. O esta frase escrita bajo el asiento de una silla de madera utilizada en los interrogatorios de la Gestapo: «Con todo el afecto a mis camaradas femeninas y masculinos que me han precedido y que me seguirán en esta célula. Que conserven su fe. Que Dios evite este calvario a mi amada novia». O la nota que dejó entre las páginas de su librito de rezos, María Antonieta, a las 4.30 del 16 de octubre de 1793, es decir, del día en que iba a ser guillotinada a los 37 años de edad: «Dios mío, tened piedad de mí, mis ojos no tienen más lágrimas para llorar por vosotros, mis pobres niños. Adiós, adiós», escribió en francés como último mensaje para sus hijos. Y después, la firma, grande y temblorosa.

Conclusión: Si tu historia de vida será leída por otros, imaginar quiénes serán esos lectores te ayudará a decidir qué material tiene que incluir esa historia.

Si se trata de una memoria personal para tus nietos, te concentrarás en la manera en que has vivido tu vida e incluirás la mayor cantidad de información sobre la familia de la que ellos forman parte.

Si decides narrar tu vida como novela, escogerás recuerdos particulares.

PARADA 3: OPCIONES

Las opciones a escoger son variadas. «Cuando se empieza a escribir, lo más difícil es ser sincero», escribe Gide en su *Diario*. La mentira que construyas con el nombre de autobiografía debe ser auténtica y creíble para el lector. Los datos en los que se basa una autobiografía real son objetivos y subjetivos.

La autobiografía está construida sobre la verdad biográfica, que es una verdad matizada de mentiras que de tanto repetírnoslas solemos considerarlas verdades.

- La novela autobiográfica está construida sobre la invención, o sea, la mentira, basada en datos verdaderos encubiertos, disfrazados literariamente.
- La novela con aspectos autobiográficos está construida sobre la invención, y el novelista recurre a su biografía solo en parte: para describir un lugar o determinados rasgos de un personaje, por ejemplo.
- En las memorias, se cuenta un aspecto del que se ha sido testigo directo. El límite entre autobiografía y memorias es sutil. Pueden incluir episodios y datos precisos, también se revive el pasado desde el presente, y el tono testimonial hace creer al lector que es una trasposición fidedigna, pero también están constituidas por una visión recortada del escritor que ve los hechos desde su óptica temporal y espacial diferente a la originaria.

Escribe tu historia de vida sin plantearte todavía cómo emplearás el material resultante. Aunque ya lo sepas, déjate llevar. Puede ser una autobiografía propiamente dicha, unas memorias, una autoficción o un material para una novela u otra obra de ficción o no ficción. En la no ficción, un artículo o un ensayo suele resultar más atractivo si los intercalas o ejemplificas con episodios personales. Lo decidirás a medida que avances.

Ten en cuenta que al escribir los recuerdos o las vivencias se pueden traspasar los formatos e inventar el tuyo particular.

Conclusión: Tienes que elegir el formato que te resulte más cercano o crear el que te haga falta.

Empieza por convencerte de que tienes que tomar partido.

Te doy ejemplos de historias de vida en distintos formatos (ya sabes que para escribir algo propio tienes que leer a los que han escrito antes, como te cuento en *Aprende de los maestros*).

Groucho Marx, en *Groucho y yo*, unas memorias muy particulares, con dos protagonistas similares y, a la vez, muy distintos. Muestra con humor a Groucho y al yo-de-Groucho. Uno es ese Groucho, incómodo insumiso, criticón y mujeriego, que desconcierta a la sociedad. El yo-de-Groucho quiere enriquecerse en esa misma sociedad que dice despreciar y se arrima a cualquiera con tal de que le introduzca en el club más selecto.

Vivian Gornick, en *Apegos feroces*, a través de una relación vivida, hace un alegato feminista.

O en varios tomos, como hizo J.M. Coetzee, con su trilogía *Infancia*, *Juventud* y *Verano*, en la que relata su vida, no en forma de autobiografía, sino de novela, pero en tercera persona, narrada por un estudiante en Sudáfrica.

De hecho, en *Autobiografía precoz*, dice Evtushenko que la mejor autobiografía de un poeta son sus poemas. De todos modos, así sea ficción, no ficción o poesía, todo lo que escribimos es a su manera filtrado por la experiencia personal. En este sentido, es esclarecedor lo que afirma Ricardo Piglia: «Toda novela es autobiográfica, narra, desplazado, algo vivido. Quiero decir, por ejemplo, que la relación de Kafka con las mujeres es el modelo de su relación con el mundo. Porque Kafka nunca cuenta historias de amor, pero cuenta la forma exagerada de la espera, de la postergación, de la condena y la amenaza que significaba para él la relación con las mujeres».

Incluso la novela contiene nudos experimentados por él, que el mismo escritor a veces descubre como reiteraciones suyas no conscientes.

Por ahora, mira con qué formato te identificas e imagina qué otro crearías.

Puedes contar tu vida de principio a fin, como la evocación y la reconstrucción (nunca completa) de una vida en su conjunto, con un propósito.

O abordar solamente un período particular, al que le puedes anexar episodios vividos en otros momentos, que se conecten de alguna manera con el central.

Después, se trata de activar la creatividad y trabajar el oficio. Un libro nace de esos dos momentos: creatividad y oficio.

- **La creatividad: constituida por el mundo interno del autor, su personalidad, su lenguaje, su forma de contar, que dan como resultado la voz propia, el estilo personal.**
- **El oficio: son las técnicas y las estrategias que debes aplicar para perfilar y precisar ese estilo, de modo que tu lector sienta que entra a un universo que no conoce, pero que le resulta cercano y acaba formando parte de ese mundo. Se consigue gracias al modo en que se dosifica la información dada y a la atmósfera atrapante que se crea.**

La creatividad y el oficio son interdependientes.

LO QUE CUENTAS adquiere un sentido
u otro según CÓMO LO CUENTES.

Trascender la anécdota

Cuentas un hecho particular (podría ser una anécdota) que por algo necesitas contar. Recurriendo a tu creatividad, profundizas en la anécdota y la haces trascender. Después recurrirás al oficio.

Así, como un desahogo no conduce al texto, una anécdota no es todavía un cuento literario.

John Irving dice que comienza diciendo la verdad, recordando gente de verdad, familiares y amigos. Y entonces encuentra algo que se puede exagerar de forma gradual, y se va centrando más en esa parte de la historia que va creando, en el pariente que nunca tuvo, por ejemplo. Y allí empieza a pensar en el conjunto.

Una guía para pasar de la anécdota al relato literario:

- Ordena los episodios aislados con un sentido.
- No utilices las anécdotas completas, sino toma lo que más te ha conmovido.
- O rescata un detalle, o el ambiente o una fecha especial o una ciudad o el sentimiento vivido.
- Sugiere un enigma a partir de algunos indicios.
- Cuéntala, pero incorpora o destaca detalles significativos.
- Agrega los datos imaginarios que sean necesarios.
- Ten claro cuál es la intención oculta que persigues al contarla, pero no la manifiestes directamente.

Bueno, adelante.

PARADA 4: CONVICCIONES Y PLACER

¿Cuáles son las claves de la mejor experiencia autobiográfica?

Confía en ti

De las aprensiones, las preocupaciones, la inseguridad que plantean mis alumnos, separo estas, entre otras:

Creo que mi vida no es «digna de un libro».
Me resulta difícil seleccionar un tema central.
Me cuesta seleccionar un punto de partida.
No me siento a la altura.
Le temo a lo que pensarán mis familiares o mis amigos si se enteran de mis secretos.

Si este o alguno parecido es el problema que te frena, te respondo:

Aunque te represente un desafío emocional y creativo, coloca en primer lugar el placer de llevar a cabo tu proyecto: ten en cuenta que es revelador y saludable escribir tu experiencia vivida. No tienes por qué justificarte ante nadie. Di lo que surja de tu corazón y de tu alma. Después verás si lo disfrazas o no. La historia que estás tratando de escribir es tu historia. Te pasó a ti. Eres la única o el único que puede contarla. Eso te hace especial desde el principio. Te hace valiente por estar dispuesta o dispuesto a compartir tu verdad con el resto del mundo.

Entonces, confía en ti. Escribe sobre los temas que te obsesionan. Para escribir es importante saber qué te conmueve, qué te hace reaccionar, qué te enfurece, qué piensas del mundo, de Dios, de tu padre, y contarlo de modo particular (no, abstracto ni general). Estos aspectos determinan tu mirada y, por lo tanto, tu forma de escribir.

Confía en tus propias convicciones.

Es TU autobiografía y no UNA autobiografía.

Escribe lo que te causa dolor

Lo decía Hemingway: «Escribe inflexible y claro sobre lo que duele. No lo evites. Ahí se encierra toda la energía. No te preocupes, nadie ha muerto por eso. Llorarás o reirás. Pero no morirás».

Así sea del amor o de la guerra, escribe desde tu verdad emocional.

Defiende lo que te gusta

El lenguaje es tu ayudante. Mediante las palabras concretas, los recursos de estilo, como las comparaciones, las metáforas, los contrastes, puedes expresar lo que quieres expresar de un modo más personal: ser libre es nombrar lo innombrable con naturalidad y con tu expresión más auténtica.

¿Se es más libre en la adolescencia? Se suele practicar la rebeldía, pero a ser verdaderamente libre (¿acaso se puede ser del todo?) se llega con años de vivir distintas experiencias y de atreverse a probar, de no dejar que el miedo te domine.

Por consiguiente, un primer peldaño hacia la libertad es el lenguaje: decir lo que digas a tu manera. Eso sí lo consiguen los adolescentes, como el joven músico Rojuu, que demuestra que la libertad es su salvoconducto a la creatividad. Las canciones que escribe y su forma de expresarse evidencian confianza en él. Para ello, recurre en buena medida a las comparaciones, las cito: explica que su música es *como* mirar un arcoíris en la televisión de una habitación cerrada con las persianas bajadas; que contienen luz, pero a distancia, *como* una luciérnaga en un pozo. Y acaba diciendo: «Me adapto bien con la gente, soy *como* plastilina, me sé amoldar. Me siento *como* explorando, *como* el que es astronauta y le mola el espacio». Y de allí, desprende la metáfora: «soy un astronauta de lo emocional».

Conclusión: El secreto está en defender lo que uno siente, lo que a uno le gusta, sin dejarse llevar por la corriente ni por las opiniones de la gente y manifestarlo verbalmente.

Inventa sin temor

El género de este siglo XXI es la autoficción. No hay que esforzarse por recordar con exactitud. Nunca recordamos todo ni recordamos los hechos exactos. Por lo tanto, si tu imaginación agrega cosas, dale permiso. Cuando surja en tu memoria un episodio del que solo recuerdas una parte, pero percibes que fue una circunstancia valiosa para ti, complétala inventando lo que supones o imaginas que habrá ocurrido.

Inventar también es un acto autobiográfico. Inventa lo que te haga falta. Le preguntaron a un escritor si era tan interesante su vida que merecía tres libros y medio guion cinematográfico. Y dijo: «No lo es, por eso me la invento».

Toda autobiografía es mentirosa por ser escritura. La escritura se organiza de tal modo que los hechos se transforman, se abrevian o se amplían, pero nunca son iguales a los reales, son una mentira que puede resultar tanto o más verdadera que la realidad.

- -

La confesión de Truman Capote: Cuando le preguntaron qué porción de su obra era autobiográfica, respondió: «Una porción muy reducida. Una parte pequeña es sugerida por incidentes y personajes reales, aunque todo lo que un escritor escribe es en cierto sentido autobiográfico. *El arpa de hierba* es lo único que he escrito tomándolo de la realidad, y naturalmente todo el mundo pensó que era inventado y, en cambio, se imaginó que *Otras voces, otros ámbitos* era una obra autobiográfica».

- -

Lo mejor que te puede pasar es que los lectores crean que es autobiográfico algo que te has inventado.

PARADA 5: CONOCE TU PROPÓSITO Y PLANTA EL EJE

Antes de comenzar la escritura te conviene esbozar dos cuestiones, al menos de forma aproximada:

1. Qué quieres transmitir, qué quieres contar.

   Una vez que has decidido qué te gustaría conseguir al hablar de lo vivido: transmitir tu experiencia por alguna razón, explorar el problema o la situación, advertir, denunciar, compartir... y, por consiguiente, ya has escogido o creado tu lector imaginario, que te dará una clave de lo que te conviene decir y de cómo decirlo, y será una defensa contra el posible bloqueo, averigua de qué quieres hablar.

2. Aunque a medida que avances cambies de idea, imagina el final al que vas a llegar.

3. Visualiza el eje de lo que quieres contar: ¿centro temático o hilo conductor?

Cuál dirías que ha sido y es el centro temático de tu vida, una preocupación, un problema, un deseo a alcanzar, un recuerdo, un momento feliz, una superación, los centros temáticos son innumerables.

La respuesta puede ser un tema general, como: «Mi madre».

En este caso, tendrías que señalar la particularidad que intentas destacar en ese tema general. Por ejemplo: «El secreto de mi madre» o «Los viajes de mi madre», o simplemente: «De una mujer a la que me hubiera gustado frecuentar». O de la relación que has tenido con tu madre: si conversabais o no, si te hacía reclamos o no, si te enseñó algo en especial o no, si te apoyaba y te comprendía o te exigía y te imponía.

Tanto en Colette como en Marguerite Duras, buena parte de su obra es autobiográfica, y para ambas el erotismo es un tema central. Su punto de vista procede de las experiencias vividas:

En *Un dique contra el Pacífico*, la Duras pinta a su madre como una mujer que lucha contra el destino; en *El amante*, muestra la delicadeza del amante chino, su paciencia de hombre enamorado y el misterio de esa espera. Pero en unos cuadernos que escribía a sus quince años, y que dejó al morir, nos muestra a su madre como una luchadora desequilibrada, que empuja a su hija a la prostitución y el amante chino, en realidad era anamita, y mucho menos distinguido y bello que en la novela.

En cuanto a Colette se casó a los veinte años y su marido la encerraba en la habitación y así escribió sus cuatro primeras novelas de la serie Claudine que él firmaba, hasta que se divorció y quebrantó los convencionalismos. Duras lo aborda como una unión espiritual que va más allá de lo físico. Colette, como un derecho para la felicidad, y se coloca a favor del amor sensual.

Para no perderte en el camino, el eje es tu guía.

El hilo conductor es el eje de la trama, como la columna vertebral del esqueleto. El eje nuclea el relato desde el principio hasta el final, sea cual sea el formato que elijas.

Es casi ineludible que «veas» el centro temático de tu historia o que «tiendas» un hilo conductor. Tal vez, tardas en descubrirlo. No te preocupes; si te lo propones, siempre se encuentra. Puede provenir de un hecho que te inquieta para bien o para mal: una situación en la que te arriesgaste, la manera en que superaste un trauma, un deseo a alcanzar, y que te pide a gritos su exposición o su indagación.

Si te cuesta definirlo, es suficiente encontrar un elemento o un detalle que funcione como hilo conductor. De mi historia de vida, el detonante fue una pregunta que funcionó como hilo conductor.

ATENCIÓN: El tema a tratar tiene que ser particular y universal a la vez. Ejemplos:

Lo particular: en *El año del pensamiento mágico, de Joan Didion:* su duelo por la muerte del marido. *Lo universal:* el trasfondo es la muerte, el duelo, la vejez, la vulnerabilidad y el desapego en una sociedad como la norteamericana, fundada en la negación y el ocultamiento de estos procesos.

Lo particular: en *El cuerpo en el que nací.* de Guadalupe Nettel:
 muestra una versión incompleta de sí misma al narrarle a su psicoanalista recuerdos de la infancia y de la relación que tienen su madre, su abuela y ella. *Lo universal:* los años setenta como tiempos de comunas hippies, libertad sexual y emancipación de las mujeres, que se comprende a través de su cuerpo.

Lo universal: en *La mujer singular y la ciudad*, de Vivian Gornick la mujer, al igual que el hombre, es paseante de la calle, partícipe del espacio público y juez y parte de la ciudad moderna y de sí misma. *Lo particular:* sus caminatas por el Bronx, una mirada íntima de la ciudad, y la presenta como un escenario para el pensamiento y el devenir cotidiano de la subjetividad.

PARADA 6: LOS HÁBITOS

El cuaderno de notas o la carpeta del ordenador

«Nunca viajo sin mi diario. Siempre se debe tener algo
sensacional para leer en el tren».

OSCAR WILDE

El cuaderno de escritor es tu ayudante a largo plazo. Yo le llamo cuaderno de autobiógrafa o autobiógrafo. Aunque hayas perdido la práctica de escribir a mano, intenta hacerlo así, y comprueba la diferencia. Pero si prefieres el ordenador, cuando digo «cuaderno» reemplázalo por «carpeta» y «archivos», ¿de acuerdo?

Será un trampolín hacia tu historia de vida.

Apunta todo: observaciones, diálogos que escuchas e ideas que se te ocurren: una idea antes de que se te olvide o las ideas que todavía no sabes dónde incluir.

Otra de sus funciones podría ser copiar frases de tu escritor más admirado, como hizo Lidia Davis copiando frases de Samuel Beckett, según dijo, «para tratar de descifrar el enigma de su escritura».

W. H. Auden lo describía como «una disciplina contra la pereza y la falta de observación».

Thomas Hardy tenía un cuaderno titulado «Hechos» en el que anotaba las noticias del periódico que le llamaban la atención. Una noticia fue el detonante de una de sus novelas.

Joan Didion, en «On Keeping a Notebook», explica que anota lo que tiene una conexión muy personal, aunque parezca un detalle externo. Por ejemplo, dice que una frase le recordó quién la dijo (el marido de una amiga), y que en ese momento sintió envidia de esa pareja, porque tenían hijos y más dinero que ella.

Anna Wolf divide su cuaderno, al que llama *El cuaderno dorado*, en cuatro partes, y le asigna a cada una un color que representa su visión del mundo en cada aspecto de ella misma: el negro, su tarea de escritora y su estancia en África; el rojo, su ideología política; el amarillo indica los relatos que escribe y el azul recrea su vida personal.

Marguerite Duras encontró oculto en un armario un cuaderno escolar repleto de notas, y con los comentarios sobre las fotos hechas a su hijo, dijo que así había recuperado la memoria en forma de puzle.

En suma, una de tus notas te puede conectar con un momento olvidado.

Y puesto que mientras escribes sobre algún tema, te puede llegar un recuerdo de otro, conviene que inicies cuanto antes tu cuaderno paralelo de notas o tu carpeta de archivos

---

La confesión de André Gide: «Siempre que me disponga a escribir notas realmente sinceras en este cuaderno, (…) mi único cuidado será redescubrirme».

El diario, una variante del cuaderno de notas

Muchos escriben las turbulencias de su vida en un diario íntimo, de modo repetitivo, inconexo, alusivo. Se hacen la ilusión de que aún antes de que los hechos se conviertan en recuerdos, ya son literatura en el diario. Pero no es así.

Te permite reunir textos distintos como recortes, lecturas, impresiones, anécdotas, frases escuchadas al pasar.

Puede ser un buen ayudante para refrescar la memoria y para explorar tu mundo interno.

Funciona como un recordatorio de los cambios entre nuestro yo pasado y nuestro yo presente, de lo que crees que crees en un momento dado —esas conclusiones a las que llegas sobre ti y acerca de los demás—, y al leerlo un tiempo después compruebas que tus creencias ya no son las mismas o que alguien que te resultaba anodino se ha convertido en un gran amigo, o viceversa.

Te permite, además, reparar en las repeticiones y en tu común denominador —tal vez una obsesión, en la que no habías reparado.

Un diario es una forma desordenada de la autobiografía en el que se escribe sin limitaciones ni imposiciones. Te lo plantees o no, cuentas tu vida. Puesto que se escribe en el momento presente, es más cercano a lo real que a la ficción, aunque puede ser un buen material previo para la autoficción.

La experiencia de releerlo es siempre perturbadora: ayuda a establecer una distinción entre aquello que uno ha vivido y lo que recuerda que ha vivido.

Son muchos los escritores que escribieron un diario durante su vida, convencidos de que **era realmente útil**.

LA CONFESIÓN DE ANAÏS NIN

«Fue mientras escribía un diario que descubrí cómo capturar los momentos de vida. Llevar un diario durante toda mi vida me ayudó a descubrir algunos elementos básicos esenciales para la vitalidad de la escritura. Cuando hablo de la relación entre mi diario y la escritura no pretendo generalizar sobre el valor de escribir un diario, ni aconsejar a nadie a hacerlo, sino simplemente extraer de este hábito ciertos descubrimientos que pueden ser fácilmente incorporados a otros tipos de escritura.

El más importante de los elementos que surgieron, fue mi libertad de selección: en el diario solo escribía sobre lo que me interesaba realmente, lo que sentía con más fuerza en ese momento, y este fervor, este entusiasmo produjo una viveza que a menudo se marchitó en mi trabajo formal. La improvisación, la libre asociación, la obediencia al estado de ánimo, la impulsividad, las innumerables imágenes, retratos, descripciones, bocetos impresionistas, experimentos sinfónicos, a los que podía acudir en cualquier momento a por material».

Virginia Woolf utilizaba un cuaderno diferente cada año, veintisiete tomos. Gracias a ellos, dice que encontraba «diamantes en bruto»: «Me doy cuenta, sin embargo, de que lo escrito en este diario no cuenta como escritura (…), pero la ventaja del método es que propaga accidentalmente divagaciones que habría excluido de haberme parado, pero que son diamantes en medio del basurero».

André Gidé: «Un diario es útil durante conscientes, intencionales, y dolorosas evoluciones espirituales. Entonces es cuando uno quiere saber dónde está parado… Un diario íntimo es interesante sobre todo cuando se registra el despertar de las ideas; o el despertar de los sentidos en la pubertad; o incluso cuando uno siente que está muriendo».

A **Franz Kafka**, el diario le ayudaba a reconciliarse consigo mismo: «En el diario se encuentra la prueba de que en situaciones que hoy parecerían insoportables, uno vivió, miró a su alrededor y anotó observaciones, que su mano derecha se movió entonces como lo hace hoy en día, cuando podemos ser más sabios porque podemos mirar hacia atrás y ver cómo éramos antes, y por esa misma razón hemos de admitir la valentía de nuestro esfuerzo anterior en el que persistimos incluso en completa ignorancia».

- -

LA CONFESIÓN DE SUSAN SONTAG

«Es superficial entender el diario como un simple receptáculo de los pensamientos secretos, privados de alguien —como un confidente que es sordo, mudo y analfabeto. En el diario no solo me expreso de manera más abierta de lo que podría ante cualquier otra persona; me creo a mí misma. Es un vehículo para mi sentido de la individualidad. Me representa como emocionalmente y espiritualmente independiente. Por lo tanto (por desgracia) no se limita a constatar mi vida real, sino más bien — en muchos casos— ofrece una alternativa a la misma.

A menudo hay una contradicción entre el sentido de nuestras acciones hacia una persona y lo que decimos que sentimos hacia esa persona
en un diario. Pero esto no quiere decir que lo que hacemos es superficial, y
solo lo que confesamos a nosotros mismos es profundo. Las confesiones,
me refiero a las confesiones sinceras por supuesto, pueden ser más super-
ficiales que las acciones. Estoy pensando ahora en lo que he leído hoy
(cuando subí a 122 Bd St-G para comprobar su correo) en el diario de H
sobre mí – esa brusca, injusta y poco caritativa evaluación que concluye
diciendo que a ella realmente no le gusto, pero que mi pasión por ella es
aceptable y oportuna. Dios sabe que duele, y me siento indignada y humi-
llada. Rara vez sabemos lo que otra gente piensa de nosotros (o, más bien,
lo que piensan que piensan de nosotros). ¿Me siento culpable por leer lo
que no estaba destinado a los ojos? No. Una de las principales funciones
(sociales) de un diario es, precisamente, ser leído furtivamente por otras
personas, las personas (como los padres o los amantes) sobre los cuales
uno ha sido cruelmente honesto solo en el diario. Leerá H. esto?».

En realidad, los diarios de escritores serían la variante del cuaderno de notas. Mucho antes de la llegada de Internet, el polaco Witold
Gombrowicz decía, en el *Diario argentino*: «la escritura del diario sería
un hablar con uno mismo para que lo oigan los demás». En sus confesiones se suele percibir la cocina de su escritura.

El diario te recuerda quién eras
en cada etapa de tu vida.

El espacio personal

El lugar para escribir debe ser un espacio que despierte tu creatividad como para Carmen Martín Gaite, para quien el espacio personal tenía «poder de convocatoria», lo describe con penumbras, rui-

dos, olores, imágenes creadoras de sensaciones de intimidad, opresión o libertad.

De «Lugares en los que se ha elegido vivir, residencias invisibles que uno se construye al margen del tiempo», hablaba Marguerite Yourcenar.

Ernest Hemingway dice en *París era una fiesta*: «…era un gusto subir hasta el último piso del hotel donde me encerraba a trabajar en un cuarto con vista a todos los tejados y chimeneas de aquel barrio en pendiente».

Aldous Huxley dice: «Vea usted a Balzac, encerrado en una habitación secreta en París, ocultándose de sus acreedores y produciendo la *Comedie humaine*. O piense en Proust en su habitación revestida de corcho…».

Cheryl Strayed escribe *Salvaje (Wild)* durante una caminata agotadora en un sendero del noroeste del Pacífico, más de mil kilómetros, 4264 km desde México hasta Canadá, como una manera de curarse a sí misma, a raíz de su divorcio, la muerte de su madre y los años de conducta imprudente destructiva, y así va encontrando su propio camino.

LA CONFESIÓN DE IRIS MURDOCH

«He pensado en escribir un cuaderno, no de sucesos, porque no los habrá, sino como un registro de ocurrencias mezcladas y observaciones cotidianas: «mi filosofía», mis *pensées* contra un fondo de simples descripciones del tiempo y de otros fenómenos naturales. Ahora vuelve a parecerme una buena idea.

El mar. Podría llenar un volumen simplemente con mis imágenes verbales de él. Desde luego me gustaría escribir una descripción digna de los alrededores, con su flora y su fauna. Podría ser algo interesante, si persevero, aunque no sea yo White of Selborne. En este momento, desde la ventana que da al mar, puedo ver tres clases diferentes de gaviotas, golondrinas, un cormorán, innumerables mariposas a la deriva sobre las flores que crecen milagrosamente sobre mis rocas amarillas…

Sin embargo, no debo hacer el menor intento de «escribir bien», lo que significaría arruinar mi empeño, mi «visión del mundo» mientras voy divagando. ¿Por qué no?

Todo puede brotar naturalmente mientras reflexiono.

Así, sin ansiedad (¿pues no estoy ahora dejando atrás la ansiedad?), descubriré mi «forma literaria». En cualquier caso, no es necesario decidirlo ahora.

Más adelante, si me place, podré considerar estas divagaciones como notas preliminares para un relato más coherente».

De *El mar, el mar*

Hay quienes se distraen en los lugares abiertos, un mínimo de brisa les impide la concentración. A otros les pasa lo contrario.

Para escribir, y sobre todo en este proceso de antes del texto, debes evitar la incomodidad. Escribir en los bares ha sido frecuente en muchos escritores como Ernest Hemingway, Simone de Beauvoir o James Joyce.

Mover el cuerpo agiliza también las ideas. Tanto hacer gimnasia como salir a caminar pueden ser ejercicios muy beneficiosos. Es muy probable que aquella idea que se negaba a perfilarse asome durante el movimiento o en el cambio de espacio.

En un hotel, Ian Fleming dice: «Mi corazón se encoge al contemplar las doscientas o trescientas hojas de papel en blanco que debo llenar para producir un libro de sesenta mil palabras más o menos bien seleccionadas. Me atrevo a recomendar ampliamente cuartos de hotel, como una forma de alejamiento de la vida cotidiana. El anonimato en este tipo de ambientes y la ausencia de distracciones pueden crear ese vacío que puede llevarlo a escribir con diligencia y aplicación».

UNA ÚLTIMA RECOMENDACIÓN, ANTES DE EMPEZAR

No abandones, aunque te sientas frente a un callejón sin salida.

Mientras releía mi historia de vida, hubo momentos en que me resultaba más pobre de lo que me pareció al escribir esas páginas, y tuve el deseo de romperlas y abandonar. Pero una de mis voces interiores me susurró: No lo hagas. Tómate un descanso. Son momentos difíciles, sobre todo cuando tratas de decirte la verdad. Tuve en cuenta que el presente era caótico, y que la escritura me salvaría. Así que seguí.

Ayer, con mi amiga Margarita, sentí, como dice Schopenhauer, que «somos tiempo». Fue un lapso mágico, de esos que vivo a solas, escribiendo o con ciertos amigos del alma. Tomé con ella un exquisito cortado servido en tacitas de porcelana, en una cafetería que parece de otro mundo (a la que nosotras bautizamos como «nuestra cafetería»), y en la que nos sentimos transportadas a otra dimensión. Hablamos de lo que estamos escribiendo, de escritoras humildes (como Siri Husdvedt) y de escritoras divas, de las aristas del amor, de la verdad, de nuestra manera de leer y elegir o descartar libros. Mientras tanto, volvimos al sentimiento de que escribir sobre lo que nos pasa nos salva del caos, y acabamos contándonos (como si lo hiciéramos por primera vez) de qué modo y dónde nos disponemos a escribir, y siempre nos queda algo más por decir. Y el presente me resulta así más presente que nunca. Sentí que al escribirlo se duplicaba esta sensación, y tuve claro que ante mis momentos «raros» me tomaría una pausa, lo hablaría con Margarita, y no abandonaría.

Recurre a lo conocido como trampolín
para lo desconocido y viceversa.

Pautas previas para la práctica

Para que la escritura resulte un éxito, debes contemplar una serie de pautas, como las siguientes:

- No preocuparte todavía por los futuros lectores.

  Escribe pensando que nadie leerá lo escrito. Al principio es conveniente escribir para uno mismo, de manera que afloren los más recónditos pensamientos, experiencias, ilusiones, secretos. Estar pendiente de si gustará o no lo que has escrito es un problema que puede hacerte mucho daño durante el proceso, puede que reprimas tu imaginación o que falsees un recuerdo al depender de esos lectores todavía virtuales.

  Son tus recuerdos, es tu historia, cuéntala a tu manera, lo que tenga de particular y, por lo tanto, de inimitable.

  Las fantasías acerca de lo que los lectores podrían pensar suelen ser inexactas: nadie conoce los sutiles recovecos del pensamiento del otro.

- Destina un tiempo diario a la escritura, cinco minutos, una hora o más, pero no dejes de apuntar algo cada día. Si no lo haces, el riesgo es que pierdas la espontaneidad, que te desconectes del impulso inicial. Puedes imponerte un mínimo de palabras diarias (trescientas, por ejemplo).

  Te conviene tener claro de cuánto tiempo dispones, y que no lo reemplaces para hacer otra cosa por ningún motivo.

  Para llegar a los mejores resultados, escribe algo durante unos pocos minutos cada día, como demuestra la neurociencia. Si quieres saber más sobre este aspecto, consulta mi libro *Escribir en 21 días* (RBA).

Por lo tanto, busca el momento en que puedas escribir sin interrupciones, obedece a tu estado de ánimo y escribe lo primero que se te ocurra. Si lo haces así, habrás acopiado un buen material al cabo de un mes.

El mensaje de Virginia Woolf: «El hábito de escribir así solo para mis propios ojos es una buena práctica. Afloja los ligamentos. No importan los errores y los tropiezos».

- Reúne para consultar toda clase de documentos, como cartas, fotografías, diarios, informes de la escuela, programas de conciertos, recortes de la prensa, billetes de autobús, tarjetas postales, de cumpleaños, certificados de todas clases, que facilitan el fluir de la memoria.
- Trata de multiplicar tus recuerdos. Para bajar el nivel de autocensura, en lugar de imaginar que estás escribiendo un libro, puedes pensar que estás escribiendo una carta a un amigo íntimo.
- Comunica tu historia lo más claramente posible.
- Sigue la huella como si fueran pisadas en la nieve. Y de tanto en tanto, mira hacia atrás, no para corregir, sino para retomar.

    Si escribes sobre un tema particular, concéntrate en ese momento particular. Si de pronto recuerdas algo que pasó después o antes, toma nota sobre esa asociación en otro archivo.

- No te preocupes por la puntuación o la ortografía en esta etapa, toma la primera escritura como un borrador en el que importa la fluidez y no las reglas.
- No intentes ser demasiado fiel a la realidad, deja volar tu imaginación, que también es parte de tu vida.

ZONA DE PRÁCTICAS
«Manos a la obra»

Ahora escribe...

✍ EJERCICIO 1: Tu presentación

Escribe un retrato del personaje más horrible que lleves en tu interior.

Escribe un retrato del personaje más maravilloso que lleves en tu interior.

Mezcla los dos en un retrato de ti.

✍ EJERCICIO 2: Observar

Observa para que se te revele un aspecto particular.

Realiza diez observaciones en diez lugares distintos:

1. Desde una ventana
2. Por la calle
3. Dirigiendo tu vista hacia el cielo
4. En el entorno de tu casa
5. En un parque
6. En un armario
7. En un medio de transporte
8. En el mercado
9. En una mercería
10. En un espejo

Escribe dos líneas como máximo sobre cada una de ellas.

Léelas todas y trata de encontrar el punto común entre las diez (puede ser un sentimiento, un juicio, una conclusión, una sensación, una evocación, un tono particular o lo que sea).

En ese punto común radica algo propio, tenlo en cuenta para saber de qué quieres hablar.

✍ EJERCICIO 3: Apartados

Ahora te propongo un ejercicio práctico muy útil:

Abre una carpeta en el ordenador o un cuaderno nuevo si escribes a mano.

Divide la carpeta en diez archivos o el cuaderno en diez apartados.

Coloca un título provisorio a cada archivo o a cada apartado. En principio pueden ser genéricos, más adelante buscarás títulos especiales como estos:

- Casas en las que he vivido
- Recuerdos
- Secretos
- Cambios principales
- Sucesos determinantes
- Inviernos
- Veranos
- Mi madre
- Mi padre
- Abuelos
- Amigos
- Amores
- Personajes esporádicos
- Objetos
- Viajes
- Lecturas
- Sueños
- Hobbies

✍ EJERCICIO 4: Tu deseo de la infancia

Intenta recordar uno de tus deseos importantes y no realizados de cuando eras pequeña o pequeño.

Pregúntate si en ese deseo puede estar contenido el propósito de tu libro.

✍ EJERCICIO 5: Ver. Pensar. Sentir

Mira hacia atrás en tu vida.

Qué es lo primero que ves. Apúntalo.

Qué es lo primero que piensas. Apúntalo.

Qué es lo primero que sientes. Apúntalo.

✍ EJERCICIO 6: Situación difícil

Elige una situación de la que te resulte difícil hablar, y escribe sobre ella. No te saltes ninguna parte. Tómate el tiempo que necesites hasta que puedas formular por escrito todo el asunto.

Escribe durante varios días hasta completarla. Incluye sonidos, colores, olores, momentos del día, tu estado de ánimo.

✍ EJERCICIO 7: Encuesta veloz

Responde a vuelapluma lo más sinceramente que puedas para alimentar tu relato interno:

1. Cómo era la atmósfera de tus casas, cita algún dato concreto.
2. Qué frase recuerdas de alguna persona de tu entorno.
3. Habla de un personaje esporádico que en algo influyó en ti.
4. Recuerda una conversación con otra persona que te haya resultado estimulante.
5. ¿Y que te haya desanimado?
6. ¿Una frase que te hayan dicho a lo largo de tu vida que te haya quedado grabada en tu memoria?
7. ¿Una escena?

Destaca las respuestas que más te conmueven.

Reserva este material para los siguientes capítulos.

✍ EJERCICIO 8: Asombro

Asómbrate de tu propia vida y escribe. El asombro es el punto de partida de la filosofía.

✍ EJERCICIO 9: Momentos clave

Apunta tus momentos clave y te verás como verdaderamente eres. Si reúno y desarrollo en mi memoria las celebraciones compartidas, las tardes de lluvia junto a un amor, las madrugadas en que no acababa de resolver un conflicto, los días enteros en los que caminé por París, los momentos que pensé en mis hijas y les dije o no les dije, los momentos sublimes con algunos amigos del alma, alcanzo la esencia de la que soy.

✍ EJERCICIO 10: Gusto y disgusto

Recorre una exposición de arte buscando una obra que te apasione y otra que te disguste. Tómate tu tiempo para saber qué sientes realmente y pregúntate:

¿Por qué me genera rechazo? ¿Me hace sentir incómodo porque me remueve algo por dentro? ¿O de verdad es porque sencillamente no me gusta?

Y haz lo mismo con la que te gusta.

✍ EJERCICIO 11: Haiku

Escribe desde el corazón y no desde la cabeza un haiku en el que uses el contraste de «lo oscuro» y de «lo iluminado», vinculados con aspectos opuestos tuyos, como este de Basho:

> *El mar ya oscuro:*
> *los gritos de los patos*
> *apenas blancos.*

Amplíalo como si fuera la síntesis de una situación experimentada.

✍️ EJERCICIO 12: Tus palabras fundacionales

Apunta diez palabras concretas, diferentes entre sí, que por cualquier motivo (afectivo, evocativo, como deseo, como imagen atractiva, etc.) sean importantes para ti.

Escribe dos relatos con esas palabras:

En uno, las mezclas en el mismo relato.

En el otro, escribes un texto libre a partir de cada palabra (serán diez textos).

Es posible que de este ejercicio surjan rasgos o matices de tu voz propia.

✍️ EJERCICIO 13: Incógnita

Escribe lo que sabes, pero no entiendes del todo. De aquí se podría derivar el tema central de tu libro.

✍️ EJERCICIO 14: Frases

Escribe una serie de frases que empiecen por *No quiero*.

Escribe una serie de frases que empiecen por *Me gusta*.

✍️ EJERCICIO 15: Sentencias

Señala con cuál de estos refranes te identificas y di las razones:

- *Más vale pájaro en mano que ciento volando.*
- *Quien a buen árbol se arrima, buena sombra le cobija.*
- *A caballo regalado no se le mira el diente.*
- *A falta de pan, buenas son tortas.*
- *No por mucho madrugar amanece más temprano.*

✍ EJERCICIO 16: Melodía

Escucha una melodía que te emocione y escribe libremente mientras la escuchas.

✍ EJERCICIO 17: Resonancia

Escribe las resonancias de la palabra «pared».

✍ EJERCICIO 18: Fórmula

Parte de una fórmula: *Qué pasaría si...*

✍ EJERCICIO 19: Cajones

Imagina una serie de cajones, cada uno contiene un determinado tipo de palabras. Asocia y escribe al menos seis frases para cada cajón:

Palabras problema.

Palabras refugio.

Palabras espía.

Palabras jungla (por las que te pierdes y que en algunos de sus recodos te sobresaltan).

Palabras tobogán (por las que te deslizas y sientes algo especial en el cuerpo).

Si a medida que completas los cajones tienes deseos de seguir hablando del tema, hazlo.

SEGUNDA PARTE

POR DÓNDE EMPEZAR

Alguien dijo que una autobiografía da como resultado una versión ficcionalizada de uno mismo.

Insisto y añado: es un modo de pensar en ti, desde dentro y desde fuera. De sentir y de ver.

Mientras escribo, no solo me pregunto cómo empezar cada libro, sino que me detengo a reflexionar sobre qué necesito «decirme» y decir al comenzar un capítulo o un nuevo fragmento de un libro. Aquí inicio un capítulo y mi reflexión me lleva al primer libro en prosa, dividido en dos partes, que escribió Paul Auster, *La invención de la soledad*, y a la lúcida respuesta del mismo Auster sobre este libro cuando Joseph Mallia le pregunta si fue un libro autobiográfico, que seguramente te aporta una idea más para comenzar tu libro:

Dice: «Lo considero más una reflexión sobre ciertas cuestiones, conmigo como personaje central».

Dice: «La primera parte la escribí (en primera persona) como consecuencia de la muerte de mi padre. Mientras intentaba escribir sobre él, comencé a darme cuenta de lo difícil que es saber algo acerca de otra persona. Aunque está llena de detalles concretos, tengo la impresión de que es una exploración del acto de hablar sobre otra persona y de si esto es o no posible».

Dice: «La segunda parte fue una respuesta a la primera». Necesitó escribirla en tercera persona para poder profundizar en el material. Y añade: «En el proceso de escribir o pensar sobre uno mismo, uno se convierte en otro».

Es mirar como cuando por primera vez le muestras a otra persona tu ciudad o tu casa. Tú también la ves desde una mirada distinta.

Si ya tienes firme la decisión y más o menos claro el propósito y el centro temático, aunque más adelante te des cuenta de que no eran esos, ya puedes elegir por dónde empezar.

MIRA TU VIDA COMO SI FUERA LA DE OTRO

El primer impulso

Tal vez, deberías tener en cuenta también la mecánica de la cuestión. Reconocer los estímulos más potentes para lanzarte a escribir.

Cheryl Strayed, en *Salvaje (Wild)*, empezó a escribir durante una caminata agotadora de más de mil kilómetros por un sendero del noroeste del Pacífic, que tiene una longitud de 4264 km desde México hasta Canadá, como una manera de curarse a sí misma, a raíz de su divorcio, la muerte de su madre, y los años de conducta imprudente destructiva, y así iba encontrando su propio camino.

En mi caso, el estímulo es el encuentro quincenal con mis dos amigas escritoras y nuestras mutuas lecturas. Es como un compromiso y un desafío. Pero también lo fue revivir el hecho central de mi libro y las apariciones impensadas sobre mí que surgían.

Entonces, la caminata, los encuentros, las revelaciones son algunos estímulos entre muchísimos otros. Tú sabrás cuál es el tuyo.

El cuerpo suele ser un poderoso impulso de maneras diversas. Se decía de Henry Thoreau que la extensión de su caminata diaria determinaba la extensión de su escritura

Henry Miller planeaba sus escándalos literarios mientras andaba en bicicleta, y solía decir que «la mayor parte de la escritura ocurre lejos de la máquina de escribir; sucede en los momentos silenciosos en que estás caminando, afeitándote, jugando. Estás trabajando, tu mente está trabajando en algún problema en el fondo de la cabeza; así, cuando vuelves a la escritura es simplemente un asunto de transferencia».

Otro impulso puede ser la conjunción de *prestar atención y memorizar*. Verás que de allí surge naturalmente tu «inspiración» para empezar. Es así:

Presta atención. Concéntrate en algún elemento del mundo cotidiano. Por ejemplo, en la ventana que tienes frente a tus ojos. Presta atención a lo que alcanzas a ver. Puede ser un jardín en el que se destaca una silla de madera azul y sobre la silla un bolso de mimbre.

Memoriza. Evoca algo a partir de la silla o del bolso. Por ejemplo, el día que conociste a tu mejor amiga, cuando ambas os instalasteis en una cafetería cuyas sillas eran de madera azul...

Y sigue...

Aprende a ver lo que miras, a escuchar lo que oyes, a sentir lo que tocas. Aprende a observar «el exterior» y a registrar lo que produce en ti en términos de reflexión. Y aprende a mirar hacia lo íntimo de tus afectos, pues ya lo dijo Antoine de Saint-Exupéry: «No se ve bien, sino con el corazón. Lo esencial es invisible a los ojos». Aprender todo eso es vital como base para una actitud creativa.

Participar para impulsar tu historia

De hecho, el impulso te lanza hacia algo que ya está en ti. No encuentras el momento ni el incentivo para dejarlo salir, pero te ronda en la mente y pone en movimiento tu emotividad. Intervenir en una historia ajena puede ser una solución. Así lo hizo John Berger cuando quería escribir *King*. Necesitó participar en la vida de los desclasados, estuvo una temporada en Alicante y se iba en la moto a las chabolas de las afueras: «miraba, observaba, hablaba con ellos no para investigar, sino para hacerme un hueco en la historia». En este caso sería: vivirlo o vivenciarlo para trasladarlo a la ficción.

PARADA 7: LAS PALABRAS Y TU YO

Ante todo, te recuerdo algo que es obvio, pero que a menudo compruebo que mis alumnos escritores lo olvidan: todo lo que escribimos no es más (ni menos) que PALABRAS. Se alcanza el éxito escogiendo y conectando las palabras justas y necesarias. Reaccionamos y actuamos a partir de las palabras que leemos y de las que nos dirigen los otros, con las que nos identificamos o nos revelamos.

Así, imagina tu interior como una estructura constituida por palabras. En cuanto una palabra te afecta, la estructura se mueve. Si te afecta para bien, se refuerza; si te afecta para mal, se desestabiliza.

¿Qué hacer?

Tomar conciencia de la forma en que abordamos esas palabras y con la que miramos nuestro entorno, de modo que podamos otorgarles la importancia que queramos o reemplazarlas inmediatamente por otras.

Una sola palabra nos abre un mundo. Escojo a Ray Bradbury como maestro que nos cuenta de qué modo aprendió a mirarse a sí mismo para escribir, aspecto para el cual recurre a sus momentos autobiográficos. Al notar que lo que escribía era imitativo, empezó a confeccionar listas de sustantivos como provocaciones que le hicieron aflorar su mejor material, lo cuenta así en *Zen en el arte de escribir*:

«Yo avanzaba a tientas hacia algo sincero escondido bajo el escotillón de mi cráneo.

Las listas decían más o menos así:

EL LAGO. LA NOCHE. LOS GRILLOS. EL BA-RRANCO. EL DESVÁN. EL SÓTANO. EL ESCOTI-LLÓN. EL BEBÉ. LA MULTITUD. EL TREN NOC-TURNO. LA SIRENA. LA GUADAÑA. LA FERIA. EL CARRUSEL. EL ENANO. EL LABERINTO DE ESPE-JOS. EL ESQUELETO.

En esa lista, en las palabras que simplemente había arrojado al papel confiando en que el inconsciente, por así decir, alimentara a los pájaros, empecé a distinguir una pauta.

Echando a la lista una mirada, descubrí que mis viejos amores y miedos tenían que ver con circos y ferias. Recordé, luego olvidé, y luego volví a recordar, cómo me había aterrorizado la primera vez que mi madre me había llevado al tiovivo. Con el organillo gritando y el mundo dando vueltas y los saltos de los terribles caballos, yo añadí mis chillidos al bochinche. No volví a acercarme al tiovivo durante años.

Cuando décadas más tarde lo hice, me precipitó directamente en *La feria de las tinieblas*.

(…) listas similares, sacadas de las barrancas del cerebro, lo ayudarán a descubrirse a sí mismo, del mismo modo que yo anduve dando bandazos hasta que al fin me encontré.

Empecé a recorrer las listas, elegir cada vez un nombre, y sentarme a escribir a propósito un largo ensayo-poema en prosa.

En algún punto a mitad de la primera página, o quizás en la segunda, el poema en prosa se convertía en relato. Lo cual quiere decir que de pronto aparecía un personaje diciendo "Ése soy yo", o quizás "¡Esa idea me gusta!". Y luego el personaje acababa el cuento por mí.

Empezó a hacerse obvio que estaba aprendiendo de mis listas de nombres, y que además aprendía que, si los dejaba solos, si los dejaba salirse con la suya, es decir con sus propias fantasías y miedos, mis personajes harían por mí el trabajo».

¿Qué ocurrió?

Dejó que cada palabra lo conectara con lo que guardaba en el inconsciente, y así pudo dejarlo salir.

Puede ser que las palabras te guíen hacia el final. Son capaces de encontrar el sentido de tu historia antes de que lo encuentres tú.

Para Milan Kundera, un tema es una interrogación y esa interrogación se responde con palabras, que después serán los hilos de la trama. Así crea series de palabras que sostienen toda la historia: gravedad – alma – cuerpo – levedad, en *La insoportable levedad del ser*.

Apunta tus palabras clave.

Tus palabras clave son como azadas que te permiten profundizar tu túnel interno y abrir huecos de luz.

ATENCIÓN: Prestar atención a los matices de las palabras es, en realidad, prestar atención a la voz propia.

Por consiguiente:

Intenta notar qué emoción te provocan las palabras y los matices de las palabras que apuntas espontáneamente.

Incluso las que suelen ser «invisibles», tienen matices diferenciados que puedes registrar para saber más acerca de tu voz: «Cierta» noche, «Una» noche, «Esa» noche, «La» noche, «Aquella» noche.

Por ejemplo, John Fante empieza con «Cierta noche» su novela *Pregúntale al polvo*:

Cierta noche me encontraba sentado en la cama de la habitación de la pensión de Bunker Hill en que me hospedaba, en el centro mismo de Los Ángeles. Era una noche de Importancia vital para mí, ya que tenía que tomar una decisión relativa a la pensión. O pagaba o me iba: es lo que decía la nota, la nota que la dueña me había deslizado por debajo de la puerta. Un problema relevante, merecedor de una atención enorme. Lo resolví apagando la luz y echándome a dormir.

Y fíjate que el matiz de ambigüedad coincide de alguna manera con su decisión al final del párrafo: la ambigüedad podría ser un rasgo de la voz del escritor o, tal vez, del protagonista. No lo sabremos hasta que leamos otros libros de Fante.

Uno puede escribir para escaparse de la propia vida. Y puede hacerlo para pensarla, para descubrirse. Tú decides.

PARADA 8: TRABAJAR CON LOS RECUERDOS

«Aunque ya nada pueda devolvernos la hora del esplendor en la hierba, no debemos afligirnos porque la belleza subsiste en el recuerdo», dice un poema de William Wordsworth, que la actriz Natalie Wood recita en la película *Esplendor en la hierba*.

Empieza rescatando recuerdos a medida que ocupen tu mente.

«Estuve allí, fui testigo, lo vi con mis propios ojos o lo oí con mis propios oídos, lo experimenté o conozco a alguien que lo vivió y me lo contó, o lo averigüé», todas son variantes posibles para recuperar recuerdos. Por otra parte, ten en cuenta lo que dice García Márquez: «La vida no es solo la que uno vivió, sino la que recuerda y cómo la recuerda para contarla».

Accediendo a tus filtros

Escribes para recordar y, a medida que recuerdas, encuentras respuestas y razones en las marcas que te dejó el pasado. Lo emocionante de este proceso es que una idea te lleva a otra de modo inesperado. Cada situación evocada encubre otras que saldrán a la luz y te ofrecerán interesantes hitos para tu viaje interior. Es un placer revivir los mejores momentos, aunque tu fantasía agregue datos, y tu memoria reste otros. Es una satisfacción, entender y sacar partido de los peores momentos vividos. Ya se sabe que, entre otras cosas, de los errores se aprende.

Escucha a Kazuo Ishiguro: «El recuerdo es el filtro a través del cual nos contamos nuestras propias historias. Conociendo los recuerdos de alguien, entendemos lo que quiere esconder y aquello de lo que se siente orgulloso, lo que es o quiso ser. Lo que más admiro del ser humano es el coraje del que se atreve a abrir la caja secreta que todos guardamos en nuestro interior, aunque sepa que puede aparecer algo muy inquietante».

Prepárate para escribir libremente lo que fue,
pero también lo que tú creas que en realidad hubo
sido y hasta lo que podría haber sido.

No todos los recuerdos son útiles

«La mejor parte de nuestra memoria está fuera de nosotros, en la brisa de la lluvia, en el olor de un cuarto cerrado, en un perfume», nos advierte Marcel Proust.

Seguramente, algunos de tus recuerdos te enternecen, otros te angustian, alguno te hace gracia, y así. Pero no son razones suficientes para que los incluyas en tu autobiografía.

¿Qué hacer?

En primer lugar, te repito: tu lector recibe lo que le cuentas según cómo lo cuentes.

Para ello, ábrele preguntas, usa un lenguaje claro y preciso. No expliques lo innecesario ni lo obvio.

En primer lugar, asegúrate de que ese recuerdo sugiera algo más sobre ti e implícate comunicando lo que sientes al respecto.

En segundo lugar, es importante que se conecte de alguna manera con el resto de la trama.

En tercer lugar, elige recuerdos concretos y particulares. Concretar y particularizar son dos tareas básicas del escritor.

Sobre trabajar con la memoria

La memoria hace trampas. No recordamos las cosas como realmente sucedieron. Cada vez que recuerdas algo, solo estás recordando la última vez que lo has recordado. Por consiguiente, tu memoria contiene muchas capas para la misma historia. En todo caso, si apuntaste el hecho recordado en tu diario íntimo, puedes averiguar cómo sucedió realmente. Pero siempre queda un resto de relatividad.

Si a diez personas que vivieron la misma situación durante el mismo lapso de tiempo, se les pide que la escriban, cada una relatará una versión distinta. Y, a su vez, cada persona lo recuenta filtrado por sus emociones del momento.

Así es como lo recordaba yo:

Estaba convencida de que fue nuestra compañera N quien se fue a Dakar a regentar un pub. Mi amiga Mandy me dice que no fue N, sino T, la que se fue. Y que su estado de ánimo no era de júbilo, sino de amargura. Es esa versión diferente lo más interesante, porque implica que hay múltiples caminos hacia el mismo momento vivido. En suma, yo elegí una película para ese recuerdo y mi amiga eligió otra. Quizás mi yo necesitaba creer más en el júbilo, que no tuve a esa edad, y lo proyecté en N. Según Mandy, ni siquiera había sido N la que se fue.

Solo podemos conocer la punta del iceberg de nuestros recuerdos, aunque por las únicas profundidades de esos recuerdos que podemos navegar es por las nuestras.
La verdad no es la del recuerdo mismo, sino la de la resonancia emocional que te provoca.

Hay quien recuerda más y quien recuerda menos. En este sentido, si un escritor recuerda poco y cree que inventa, es posible que esas invenciones provengan de una situación que ha vivido y no la tiene presente. Así lo demuestra nuestro siguiente visitante:

LA CONFESIÓN DE RAYMOND CARVER

En *La vida de mi padre*, confiesa:

«Tengo mala memoria. Con esto me refiero a que he olvidado mucho de lo que me ha pasado en la vida —una bendición, no cabe duda—, pero además paso por largos periodos en los que no puedo recuperar ni dar cuenta de ciudades y pueblos donde he vivido, nombres de personas, las personas mismas. Grandes vacíos. Pero puedo recordar algunas cosas. Pequeñeces —alguien que dice algo de una manera determinada; la risa estrepitosa o sofocada, nerviosa; un paisaje; una expresión de tristeza o de perplejidad en la cara de alguien. Y puedo recordar algunas cosas dramáticas —alguien que empuña un cuchillo y se vuelve colérico contra mí, u oír mi propia voz cuando amenaza a alguien. Ver a alguien que rompe una puerta o que cae por una escalera.

Algunos de esos tipos de memoria más dramáticos los puedo recuperar cuando los necesito. Pero no tengo el tipo de memoria que puede traer al presente conversaciones enteras, completas con todos los gestos y matices del habla real; ni puedo recordar los muebles de cualquier cuarto donde haya pasado un tiempo, para no mencionar mi incapacidad de recordar el mobiliario de toda una casa. Ni siquiera cosas muy específicas de un hipódromo —excepto, digamos, una tribuna, ventanillas de apuestas, pantallas de televisión en circuito cerrado, masas de público. Bullicio. Invento las conversaciones en mis cuentos. Pongo los muebles y las cosas físicas que rodean a la gente en los cuentos a medida que los necesito. Tal vez es por esto que a veces se ha dicho que mis cuentos son sobrios, escuetos, incluso «minimalistas». Pero tal vez no es sino un matrimonio funcional de necesidad y conveniencia lo que me ha llevado a escribir la clase de cuentos que hago y de la manera como lo hago.

Por supuesto, ninguno de mis cuentos sucedió —no estoy escribiendo una autobiografía— pero la mayor parte de ellos tienen un parecido, así sea leve, con ciertas ocurrencias o situaciones de la vida. Sin embargo, cuando trato de recordar el entorno físico o los muebles que inciden sobre una situación en un cuento (¿Qué flores había, si había alguna? ¿Daban algún olor? etc.) me siento totalmente perdido. De manera que tengo que inventar, a medida que adelanto, lo que la gente en el cuento se dice, así como lo que hacen después de que se dijo esto y aquello, y lo que después les sucede. Invento 1º que se dicen, aunque en el diálogo pueda haber alguna frase real, una sentencia o dos, que oí en un determinado contexto en uno u otro momento. Esa sentencia puede haber sido el punto de partida para mi cuento».

En el momento adecuado

Pero hay recuerdos tan dolorosos que si los dejas asomar te harían mucho daño, y los reprimes hasta tal punto que los tapas.

Lo cuenta la cineasta Marceline Loridan-Ivens (nacida Marceline Rozenberg), que sacó a la luz un recuerdo sesenta años después: «Fue a raíz de un encuentro que tuve con una amiga. Lo había reprimido en mi inconsciente. Ella me lo recordó, y mi primera reacción fue decir: no es verdad. Era algo que había eliminado de mi mente para poder sobrevivir, a raíz de la violencia, de que nos empujaran a llegar hasta ese punto, a coger una pala y cavar zanjas para los cadáveres que ya no podían quemar, porque eran demasiados cadáveres, era el auténtico horror, que tardé mucho en superar: veía el humo que salía de la chimenea de una fábrica y pensaba en el crematorio de Birkenau. No podía entrar en una estación porque estaba llena de vagones de tren». Finalmente, al recuperar el recuerdo, pudo liberarse y convirtió lo monstruoso en un hecho estético: en 2003, realizó el film *La Petite Prairie aux bouleaux*, con Anouk Aimée, inspirada en su recorrido por los campos de concentración; su título traduce el término polaco *Brzezinka*, que germanizó como *Birkenau*.

Para recuperar los recuerdos

Un lugar común para recuperar el recuerdo es el espacio de la casa, como espacio/tiempo donde transcurre nuestra vida. Y dentro de esa casa, lo que fue de uno: un cuarto, el patio, un rincón, un árbol, un mueble, una claraboya, donde pasó algo singular.

«La casa» es también el barrio, la escuela, la de las vacaciones, y hasta la acera o la plaza. Paul Auster enumera las casas en que vivió, en el primer tomo de su autobiografía, *Diario de invierno*.

Angélica Gorodischer, las relata así en *Palito de naranjo*:

Pasaba por Las Tres Casas; no, no hay un lugar que se llame Las Tres Casas: yo lo llamaba así porque había tres casas una al lado de la otra que tenían un parecido secreto y dramático que yo, solo yo y nadie más había descubierto. (…) Tenían ojos esas casas; las ventanas eran los vidrios eran las pupilas: en la casa italiana la ventana pequeñísima del cuarto auxiliar, en la art deco una ventanita estrecha y larga que sería, suponía yo, del baño, en la del jardín un ojo de buey bajo el alero del techo a dos aguas, me miraban. No llegaban a invitarme, pero yo oía sus voces y a veces pensaba que si un día no alcanzara a oírlas, ese día sería el día de mi muerte.

Otra ventaja, que otorga consignar los recuerdos, es darte cuenta de tus cambios para bien o para mal. Desde mi etapa universitaria conservo una carpeta forrada de hule negro con borradores antiguos y más recientes, que últimamente releí, y me sorprendió detectar mis cambios, y encontrar asuntos pendientes que ya resolví o ahora podría llevar a cabo. En suma, esa es la magia de la escritura.

PARADA 9: DÉJATE LLEVAR

Hay infinitos accesos, pero te recomiendo que, para empezar, escribas tu historia de vida de forma desordenada a medida que recorres sus distintos caminos y los atajos.

Pero no olvides que mientras que el acto de escribir es consecutivo, una palabra sigue a la otra, el acto de recordar es simultáneo. Trata de fundir a tu manera los dos aspectos, lo fundamental es que lo hagas como lo sientas.

Prueba la simultaneidad

La vida no es cronológica, aunque nos lo parezca.

No la escribas como una sucesión lógica y cronológica, sino que escoge cuál crees que es el centro de tu vida, el momento más impactante, y empieza hablando de ese centro, y de todas las ramificaciones que surjan a continuación.

De ese modo, no solo no te bloquearás, sino que alcanzarás un relato más rico, más variado, más interesante.

En la vida, pasamos de un acto a un pensamiento, de un pensamiento a un diálogo, de un diálogo a un sueño y a otro acto y así todo el tiempo. También pasamos de un sentimiento a otro, de un estado a otro, de una vivencia a otra. De hecho, programamos en el tiempo, pero en ese tiempo ocurren imprevistos que pueden llegar a cambiarnos la programación. Esas superposiciones son las que deberías rescatar. Por lo tanto, la primera escritura, el primer borrador, debe ser libre, imitando la simultaneidad, el desorden en el que transcurre la vida.

La sucesión conduce al orden limitativo.
La simultaneidad conduce al desorden productivo.

La espontaneidad (que no es facilidad ni simplicidad)

Espontaneidad es autenticidad y naturalidad. La práctica de la escritura nos obliga a ser nosotros mismos. Para ello, pierde el control, aleja el pudor y déjate llevar por lo primero que se te ocurra. Después vendrá la etapa del control y la revisión.

¿Has pensado que una página en blanco supone la libertad? Puedes escribir el relato que quieras sobre tu vida. Y lo van a leer los demás. Y si lo escribes con arte, se lo creerán. Concédete la libertad al expresarte, tanto con respecto a los hechos narrados como al lenguaje que emplees. Si te surge una idea, sigue «sintiéndola» Anota todo lo que desfila por tu mente en el orden en que aparece: episodios, sueños, personas, imágenes. Anótalos apenas aparezcan, como lleguen a ti. Incluso, toma notas breves, rápidas, de apariciones desvinculadas de lo que quieres decir, que, aunque no te sirvan en el momento, pueden ser un recurso útil más adelante, puedes abrir en tu libreta un apartado para ocurrencias de este tipo a las que puedes englobar como «activadores futuros».

La espontaneidad es el puente hacia el encuentro de tu voz propia.

Hay escenas de nuestras vidas, nítidamente fijadas en la mente con todos sus detalles, que asoman de vez en cuando. En mí, son las flores que cubrían el empapelado de la pared de mi habitación, en una de mis primeras casas; me veo anudando y desanudando los flecos de la manta a cuadros verdes y rojos cuando me enfermaba y debía permanecer en cama; la madrugada en que murió mi pequeña hermana, y yo, inconsolable a mis casi siete años; la quemadura con agua hirviendo en mi brazo, cubierto con cáscaras de patatas; la gran cocina familiar a la que no entraba la luz del sol...

La mayoría de las personas conserva esas imágenes vívidas que revolotean entre sus pensamientos. Son las que tienes que rescatar, dejar salir y expandirlas con detalles inventados, que también, a fin de cuentas, son autobiográficos. Otras escenas tendrás que perseguirlas hasta que asomen.

Analiza e interpreta lo que asoma, si lo necesitas, pero no descartes ni juzgues. Después verás cuál es el tema surgido y qué significa para ti. Una alumna escribió diez páginas sobre el padre y diez sobre el marido, dejó descansar el texto una semana, lo releyó y descubrió que el tema dominante era el miedo, terrible monstruo que la frenaba en su día a día. Supo que tenía que empezar por ahí. Una vez que lo reconoció, pudo buscar modos de desplazarlo. Y con el tiempo, fue el material básico para la novela que está escribiendo.

Entonces:

Durante diez minutos, escribe sin juzgar y sin revisar lo que salga. Una evocación o una observación, da lo mismo. ¿Sobre qué punto álgido vivido podrías escribir? ¿Qué incidentes se te repiten? ¿Qué observación de tu entorno te traslada a un hecho particular?

Interrumpe pasados los diez minutos.

Usa un resaltador para identificar las frases que te sugieran algo más.

Durante una semana, repite cada día el ejercicio, pero ahora toma como detonante las frases que resaltaste. Vuelve a escribir otros diez minutos (interrumpiendo, aunque desees seguir), a partir de una de las frases que resaltaste.

Date permiso

Si has escrito siguiendo las pautas de los apartados anteriores: simultaneidad y espontaneidad, ya has empezado a darte permiso. Ahora, lo vas a practicar de modo consciente, como una orden a ti misma o a ti mismo.

Una opción para avanzar sin pausa es establecer metas semanales: por ejemplo, cada lunes decides cuántas páginas podrás escribir esa semana. Ten en cuenta que una página tiene unas 280 palabras. Una página al día conduce a un libro en un año.

No te prometas lo que no podrás cumplir, sino lo que sea razonable para ti. Y la mayoría de los escritores, una vez que se ponen en marcha, producen más de una página.

Descarta el pudor

Cuenta lo más terrible que te haya ocurrido, tus secretos, imaginando que nadie lo va a leer. Es la mejor práctica para superar el pudor.

Ten en cuenta que el pudor tapa la voz del autor. Debes ser capaz de adentrarte en los territorios prohibidos, pues en la medida que un paisaje permanece en una zona vedada, se mantiene estático. Cuando somos capaces de alcanzar la verdad, despertamos a un yo dormido. Vemos que estamos en condiciones de hablar de cosas con las que nunca habíamos soñado, descubrir una historia dentro de otra historia, contar una vieja historia de una manera nueva. Surgen ambigüedades ocultas. Vemos el paisaje a través de las perspectivas más diversas. Una verdad conduce a otra. Sin embargo, la verdad asusta. Sé de muchos que cuando escriben algo verdadero y prohibido lo hacen de forma ilegible, de modo que se lo esconden a ellos mismos.

Por consiguiente, permítete escribir lo que quieras o lo que necesites. Hazlo en borradores que nadie más que tú leerá. Después lo puedes disfrazar, destilarlo, lo importante es que transmitas la verdad del sentimiento que el hecho te provoca. Los lectores se identificarán con tu problema, y podrán encontrar caminos o explicaciones que no se les habían ocurrido.

En *Annie John*, Jamaica Kincaid no ocultó su indignación ni se preocupó por ocultar partes de la identidad real de las personas de la historia. A la vez, en una relación madre-hija destaca lo que la mayoría trata de disimular: que no es idílica, y pone de manifiesto los aspectos negativos de la vida en común.

Entre las clases de verdades que podrían aparecen a medida que indagas en tu autobiografía, se destacan:

los escándalos familiares,
las creencias irracionales,
la atracción por el engaño,
la constatación de sentimientos tanto profundos como
    efímeros,
la percepción de las personas más cercanas,
el descubrimiento de que no vivimos ni trabajamos en lo que
    nos apasiona,
la ruptura de un tabú,
un hecho personal,
un secreto,
una imagen que te avergüenza y se te repite.

Escribir con franqueza ciertos hechos despierta las pasiones; escribir para hablar de nuestras pasiones abre zonas en las que hay hechos celosamente guardados.

Admitir la verdad requiere tiempo.

No te fuerces a escribir acerca de todas las cosas
a la vez. Sé sincero y trabaja despacio.

Inventa lo que haga falta

Autoficción es ese acto en el que la experiencia tiene que completarse con la invención. A menudo hay que mentir para contar una buena historia, afirman los buenos escritores, incluso si es autobiográfica.

Isaac Bashevis Singer contaba un sinfín de mentiras de su infancia en Polonia. Una vez, en la primera noche de Hanuka, fue a dar un paseo por lugares prohibidos en vez de volver a casa después del *cheder*. De pronto llegó a un barrio desconocido, entró en un restaurante y le contó a una mujer una tremenda mentira —le dijo que era huérfano—, con tanto descaro que la mujer le pagó una comida. «No podía evitar decir mentiras. Fueron los primeros pasos de mi carrera de escritor».

Mentir suele ser el salto que convierte una anécdota en relato. Si adornas tus experiencias, permítete contar un cuento, así los hechos reales se transforman en algo más que «simples anécdotas»: ponen de relieve algún aspecto de la vida, adquieren resonancia.

Puedes inventar algo para completar lo real. La ficción ilumina la realidad.

Te decía que el material de tu vida es tuyo: tienes derecho a usarlo como quieras. También es tuyo para distorsionarlo, exagerarlo, moldearlo y cambiarlo.

Parte del proceso que lleva a encontrar la voz pasa por usar nuestra vida y las de quienes nos rodean como material, para después distorsionar ese material escandalosamente. Los sucesos de nuestra vida pueden ser un punto de partida, pero debemos dar autoridad y alcance a la voz para que se nutra de otros hechos y otras vidas así como de lo que se necesite inventar para otorgar sentido a lo narrado.

En *Billy Bathgate*, E. L. Doctorow basa su material en algo «real». Billy Bathgate, personaje de ficción, se lía con Dutch Schulz, un criminal en la «vida real», de la banda de Al Capone. Si por limitarse exclusivamente a los hechos, Doctorow no se hubiera permitido crear ese personaje de ficción, su novela habría sido plana. Eso ocurre cuando los escritores se aferran demasiado a la realidad, o reemplazan la imaginación por la documentación. Con solo «hechos de la vida real» no se hace un libro, mentir es una manera de mostrar una verdad, de modo artístico.

Lo demuestran muchos protagonistas de ficción, que mienten, como Darcy en *Orgullo y prejuicio* que no presume de sus actos para no parecer que quiere ganar el afecto de su amada; John Self, de *Dinero*, de Martin Amis; Tom Ripley, el embaucador asesino de Patricia Highsmith; Iris Chase, la viejecita terrible de *El asesino ciego*, de Margaret Atwood. En sus cuentos «El otro» y «Borges y yo», Jorge Luis Borges habla de un encuentro con su doble.

Son mentiras que enriquecen los relatos.

Y en su autobiografía *Léxico familiar*, Natalia Ginzburg miente por omisión, pues explica al lector muy poco de ella misma. Oímos hablar y discutir a la madre, al padre y a los hermanos; vemos qué aspecto tienen, adónde van a esquiar y qué leen, pero no sabemos casi nada de Natalia Ginzburg y solamente podemos intuir su dolor cuando su primer marido es asesinado por los fascistas. No obstante, su ausencia es una presencia en el libro.

Una forma de mentir es exagerar. Exagerar es una clave. Dice Mario Vargas Llosa que cuando Joanot Martorell nos cuenta en el *Tirant lo Blanc* que la princesa Carmesina era tan blanca que se veía pasar el vino por su garganta, nos dice algo técnicamente imposible, y sin embargo nos lo creemos porque, en la ficción, el exceso es una de sus reglas. Para ello, mirar lo conocido como desconocido es una actitud insustituible para la creatividad.

PARADA 10: LA ORGANIZACIÓN DE LA TAREA

A medida que surgen nuevas asociaciones las colocas dentro de la categoría correspondiente.

Si escribes a mano, puedes distribuirlas en folios o en fichas, y guardarlas en carpetas o en sobres de colores por categorías.

Puedes ir a Google para buscar imágenes históricas de lugares de tu ciudad o las ciudades en que viviste, los barrios, de las escuelas a las que concurriste. Una vez que tienes unas cuantas anotaciones, puedes agruparlas bajo determinados títulos muy claros: sucesos, objetos, elementos abstractos, afectos, curiosidades, ciudades visitadas, encuentros, etcétera. Te conviene separarlas entre sí dejando páginas en blanco para completarlas a medida que aparecen otras asociaciones dentro de la categoría correspondiente.

Una vez obtenido un buen número de fichas, puedes trabajar con ellas como si fueran naipes de un juego: las repartes sobre una mesa y estableces rutas entre unas y otras. Al vincular entre sí tantos referentes, aparecerán otros.

Más adelante, las mismas fichas te serán útiles para organizar la trama de tu libro: visualizar de un pantallazo los momentos evocados te facilitará la tarea de decidir el orden y la posible ligazón entre varios de ellos. Si utilizas tratamiento de textos, es fácil guardarlas electrónicamente en archivos separados. Pero mejor guarda las copias de papel, es más fácil sacar conclusiones, imaginar itinerarios, si puedes ver todos los apuntes simultáneamente frente a ti.

Acopia la mayor cantidad posible de material de todas las etapas de tu vida, clasifícalo y agrúpalo por asuntos, eliminando lo que no sea pertinente. Puedes completar la información recogida consultando con los parientes. Pregúntales, por ejemplo, qué estaban haciendo el día en que tú naciste, qué recuerdan de tus primeras palabras, de las reacciones de tu madre o tu padre, cómo eras tú. o que te hablen de tus ancestros.

Los pasos siguientes

Pregúntate la significación del hecho escogido como tema central y redacta tu respuesta.

Pregúntate cuál puede ser lo universal de ese hecho central, con lo que las personas se podrían identificar. Sintetízalo en una idea.

Conecta tu tema central con incidentes ocurridos en ocasiones diversas.

Pregúntate qué aspectos de tu propia biografía corren paralelos o se oponen a la historia de la sociedad, del país, del mundo.

Enfócalo desde distintas miradas hasta que encuentres una mirada especial que te resulte cómoda y te deje ver «más allá».

Prueba distintos tonos hasta dar con la propia voz.

Con estos pasos, no solo se consigue impresionar, sino también emocionar.

A TENER EN CUENTA DESDE AHORA:

Te presento seis aspectos esenciales que irás definiendo a medida que escribas, pero que tienes que tener en cuenta desde ahora:

1. **Cuenta una historia**

    Una historia de vida debe mostrar, no explicar. Mostrar personajes dinámicos de la vida real, con escenas, y no exposiciones, con un diálogo sugerente y creíble. Eso es contar. Todo en torno a un hilo conductor y a una curva narrativa. *En cambio, explicar es informar. Explico: el hombre estaba nervioso. Cuento: el hombre cruzó la calle sin mirar el semáforo mientras profería gritos por el móvil* (el lector deduce que estaba nervioso).

2. **Crea tu yo**

    Mary McCarthy afirmaba que era inútil toda búsqueda del yo en la autobiografía, decía que se podía crear el yo, no encontrarlo, e ironizaba: «Lo que hago es tomar cerezas reales y ponerlas en un pastel imaginario».

3. Hazlo con tu propia voz

Nadie puede contar tu historia como tú. Nadie ve el mundo con la misma lente. Reconoce tus diferencias, incorpora detalles que solo tú puedes conocer, escúchate y descubre qué expresiones, qué giros y qué matices caracterizan tu voz propia, acorde con tu personalidad.

Una voz segura sabe por qué está contando esa historia y sabe *exactamente hacia dónde va*. Sabe que tiene algo que decir y que debe cautivar y convencer al lector. Y también sabe por qué es la única que puede decirlo. Una voz confiada le dice al lector desde la primera línea: *Pasa, amigo, acompáñame en el viaje, te aseguro que valdrá la pena.*

Asomará tu propia voz cuando establezcas asociaciones o relaciones entre aspectos distintos. Me decía una amiga psicoterapeuta que lo que nota que últimamente más falla en las personas son las conexiones. Les cuesta conectar cosas o momentos distintos. Yo también lo percibo en los textos de mis alumnos y lo trabajamos en el taller con óptimos resultados: escriben al principio siguiendo un solo hilo (a partir del pensamiento convergente), de modo que cuando reconocen el pensamiento divergente (que es el creativo), a los compañeros les llama la atención favorablemente el nuevo texto, que entreteje hilos distintos.

En el caso de la historia de vida, te propongo que conectes entre sí los datos que has dado en alguna de las distintas fichas incluidas en los ejercicios de la práctica. Asocia un aspecto (por ejemplo, el carácter de un pariente) con otro de la misma o de otra ficha (por ejemplo, la celebración de un cumpleaños o la manera de expresarse de otro pariente), y estarás empleando el pensamiento divergente.

Es posible que te sorprendas con los resultados, que descubras aspectos familiares de los que no te habías percatado y lo hagas con una voz que no había sonado hasta ahora en tus textos.

SINTONIZA CONTIGO Y ESCÚCHATE

4. **Escoge el punto de vista narrativo**

Mira desde donde veas los hechos con más precisión y del modo más novedoso. El mundo está lleno de puertas y ventanas que no vemos si miramos siempre en la misma dirección. O no nos damos tiempo para ello.

Una evocación te lleva a otra y así sucesivamente.

Hago la prueba. De los documentos enlistados, extraigo una foto de mi caja. Contemplo la fotografía en blanco y negro de una cena familiar y, a medida que me detengo en cada minucia, salen más y más cosas. Narro desde un punto de vista inquisitivo, analítico, tal vez, que me pueda llevar a descubrir algo en que no había pensado:

Estamos en el restaurante Loprete de Buenos Aires. Mi tío Marcos ocupa la cabecera, era su cumpleaños, cada año repetía el mismo ritual, invitaba a sus cinco hermanas (la menor era mi madre) con sus familias, ese restaurante. Él no tenía hijos ni se dedicaba demasiado a sus sobrinos. Estamos todos. Estoy sentada entre mis dos únicas primas, mayores que yo. Y a partir de aquí se agolpan los recuerdos acerca de cómo era mi relación con cada uno, el ritual de la cena, veo a los camareros acercarse con el carro de los postres, veo al marido de mi tía Fanny con una mueca sarcástica...

Y podría seguir internándome entre tantos vericuetos, no sé a dónde llegaría, las rutas posibles mueven mi ilusión, mis deseos, mi curiosidad.

5. Elabora la sinopsis

¿De qué tratará tu libro?

Una sinopsis convincente es una herramienta de marketing esencial, pero también es una guía para ti. Consiste en destilar lo esencial para tu historia y presentarla con el máximo impacto.

6. Instala el comienzo

Ahora ya entras «literariamente» en tu libro.

Un relato escrito proviene de una íntima necesidad. Por dónde comenzarlo se refiere a cuál es el punto más conveniente de ese relato para convertirse en el párrafo inicial: una impresión, un deseo, un sueño, una evocación, una impresión; cuál es el mejor principio para tu texto: los cimientos bien preparados aseguran un buen edificio.

El comienzo debe tener algún tipo de «gancho». Como en el ajedrez, la apertura define si captas el interés del lector o no. Presenta los motivos más importantes de la historia a contar.

Puedes tomar un incidente como detonante o desencadenante. Así lo hace Paula Fox, en *Personajes desesperados*, toma el rasguño de un gato como desencadenante y como hilo conductor, gracias al cual analiza su relación con el marido y los amigos.

Si miras cada hecho desde el hoy,
intenta verlo bajo distintos focos.

> ATENCIÓN: Es autobiográfico lo vivido y lo que te contaro.

Así sea que tu relato provenga de una experiencia tuya o de una vivencia de otra persona, lo conveniente no es tratar de reproducir fielmente lo real, que resulta complicado transformar en literario, sino simplificarlo o modificarlo, y crear una historia nueva y cambiar el final, por ejemplo, si el final verdadero es poco inesperado. O, tal vez, necesites crear personajes secundarios que deben intervenir de forma esporádica en algunos momentos para innovar y potenciar el relato.

Con plan o sin plan

Más que un plan, este es un itinerario posible:

- Apunta sin exigirte un resultado inmediato.
- Intenta conectar otros hechos con lo que has apuntado, acumula datos (que después puedes desechar si no son imprescindibles).
- Deja descansar tus notas y luego tiende el hilo que las ordena.
- Desmonta la idea en momentos o en episodios o en otras ideas.
- Señala los que podrían componer tu relato. Utiliza hojas independientes, una para cada momento, te puede facilitar el proceso al permitirte visualizarlo por separado.
- Colócalas sobre una mesa o en el suelo y prueba hasta que encuentres la mejor relación entre ellos.
- Escribe el texto respetando ese orden.

No intentes querer conocer de antemano
lo que puede ocurrirte durante el viaje.

En *Juventud*, de Coetzee, la historia se desarrolla entre sus 18 y 24 años y el esquema podría ser el siguiente:

- Desea escapar y ser un gran poeta.
- Sufre contradicciones: no encaja en la familia ni en la universidad ni se encuentra a gusto en Sudáfrica.
- Llega a Londres y se encierra en sí mismo.
- Él quería dominar Londres, pero Londres le domina a él.
- Comprende a los 24 años que si se ha convertido en un programador informático en vez de en un poeta es porque tiene miedo. Miedo de escribir y miedo de las mujeres.
- Es un perdedor, un cobarde. Aun así, su orgullo es superior a su miedo. No quiere depender de nadie. Quiere ser fuerte, duro, un superviviente. Tiene que endurecer su corazón y resistir.

Otra opción es elaborar un plan con un objetivo literario concreto.

En los tres libros de *Circo familiar*, que reúnen las evocaciones infantiles de *Circo familiar*, Danilo Kis aspira a reconstruir tanto el mundo de su niñez como a su padre —deportado a Auschwitz—, antes de que los engullera el olvido: «Y todo lo que sobrevive a la muerte representa una pequeña y miserable victoria sobre la eternidad de la nada, una prueba de la grandeza del hombre y de la indulgencia de Yahvé». Para ello, emplea el esquema siguiente, del que puedes apropiarte:

1. Parte del recuento de los hechos experimentados.
2. Separa los más relevantes, que son el motor de su escritura y de su posible libro.
3. Investiga ese núcleo haciéndose preguntas y a través de diversos documentos.
4. Convierte el núcleo personal en universal.

Veamos los resultados:

1 y 2. Marca el aspecto más abarcador de su historia personal y luego un hecho específico que lo atormentó y marcó su carrera literaria, de la siguiente manera:

> «Mi escritura procede de mis ambigüedades. He vivido a caballo entre tres religiones —ortodoxa, judía y católica—, dos lenguas —el húngaro y el serbo-croata—, dos países —sin contar Francia— y he conocido dos universos políticos diferentes. A los siete años de edad, en Novi Sad, que en aquella época estaba ocupada por Hungría, fui testigo de la masacre de judíos y serbios perpetrada por los fascistas húngaros. Aquel día mi padre se salvó de milagro. El milagro fue que los agujeros practicados en el hielo del Danubio a los que tiraban los cadáveres, rebosaban. De esta forma tuvo una prórroga de dos años antes de ser llevado a Auschwitz, donde desapareció. Mi infancia y mi adolescencia fueron atormentadas por esa desaparición «misteriosa» y la de prácticamente toda su familia, y es el núcleo de toda mi literatura».

3. Pasa a la investigación y se hace preguntas:

> «Mi madre era montenegrina. Mi tío por parte de madre nos hizo buscar por mediación de la Cruz Roja y nos repatrió a Cetinje, la antigua capital del pequeño reino de Montenegro. La única cosa que llevé conmigo y salvé por propia iniciativa fueron algunos documentos de familia. Gracias a ellos me puse a investigar los orígenes de ese mecanismo de desaparición. ¿Tiene la maldición causas humanas o divinas? ¿Quién soy yo? ¿De dónde soy? ¿Adónde voy?»

4. Se hace más preguntas que le permiten el paso de lo individual a lo universal, a partir de las cuales desarrolla el texto:

«¿Quiénes somos? ¿De dónde somos? ¿Adónde vamos?».

Enumero otras variantes, de las que puedes imaginar el plan:

Memorias de África de Karen von Blixen-Finecke (Isak Dinesen) narra los diecisiete años que Blixen pasó en Kenia.

El Diario de un escritor, de Fiódor Mijáilovich Dostoyevski, da cuenta de su vida mezclando autobiografía, ficción, ensayo, crónicas judiciales, necrológicas, estampas de costumbres.

Habla, memoria, de Vladimir Nabokov, contiene una serie de relatos que cuentan sus peripecias vitales: su infancia en la casa de campo de la familia, su huida de la Unión Soviética y el exilio europeo en su estilo.

De Profundis, de Oscar Wilde, es una carta que le escribió a su amante, lord Alfred Douglas, mientras cumplía su condena a trabajos forzados en la cárcel de Reading. Es una meditación sobre el sufrimiento y la injusticia, mientras busca una salida.

El lugar del *Flaneur* (paseante), es un paseo de manera contemplativa, que ha sido adoptado por Charles Dickens, por Walter Benjamin o por Baudelaire en el siglo xix, y en este siglo por Vivianne Gornick, a modo de resistencia frente a lo que considera una apropiación masculina (la de paseante) hasta ese momento; así, en *La mujer singular y la ciudad*, muestra sus caminatas por el Bronx como un escenario para el pensamiento y el devenir cotidiano de la subjetividad.

O puedes escribir sin plan previo, dejándote llevar por tu intuición. En ese caso, es recomendable que tengas previsto el final al que llegarás (aunque después cambie) para no desviarte de tu ruta.

Un hecho trivial deja de serlo no porque sea un hecho extraordinario, sino porque crece en nuestro interior, y mueve nuestros más escondidos deseos.

✍

ZONA DE PRÁCTICAS
«Manos a la obra»

✍ EJERCICIO 20: Rasgos personales

Creencias:

Ideas:

Emociones:

Intenciones:

Dolores:

Logros:

Fracasos:

Pruebas:

Sueños:

Ideales:

Asignaturas pendientes:

✍ EJERCICIO 21: Ficha de la familia

A completar:

Lugar de nacimiento:

Árbol genealógico:

Relación con el padre:

Relación con la madre:

Hermanos:

Otros parientes destacables. ¿Quiénes? ¿Por qué?:

Parientes esporádicos que recuerdas por algo:

Momentos especiales vividos con un pariente o más:

Sensaciones vinculadas a la familia (olores, sonidos, colores):

Expresiones familiares:

CURIOSIDAD: Julio Cortázar en su *Diario de Andrés Fava* incluye una «Lista de ideas recibidas que circulan en mi familia» (no hablar cuando se come pescado / no se debe dormir bajo la luna, etcétera).

✍ EJERCICIO 22: Registro que amplía la ficha del ejercicio anterior

Responde:

¿A quién te pareces físicamente?

¿Y el carácter?

¿Cuándo empezaste a caminar?

¿Dónde naciste?

¿Cómo era tu primera casa?

¿Hubo otras a lo largo de los años? Descríbelas

¿En qué ciudad y en qué barrio?

¿Cuál es el recuerdo más luminoso de tu pasado?

¿Cómo era el entorno que te rodeaba en ese momento?

¿Qué sientes y qué piensas frente a la niña o al niño que has sido?

¿Qué diferencia has percibido entre los distintos hombres y mujeres que circularon por tu vida?

¿Qué comías con más frecuencia en la mesa familiar?

¿Tenías algún ritual para quedarte dormido?

✍ EJERCICIO 23: De la memoria

Enumera situaciones particulares vividas por ti. Descríbelas del modo más detallado posible. En los detalles, surge a menudo lo más significativo.

Con amigos:

Con el primer amor:

Con otras relaciones amorosas:

En tu profesión:

En el trabajo:

En tus viajes:

✍ EJERCICIO 24: Lista de documentos

Días de radio es una película dirigida y narrada por Woody Allen que explora sus recuerdos de infancia a través de la música de jazz que descubre en la radio, y así recrea el ambiente de los años 40. Consulta la letra de las canciones que te provoquen reminiscencias:

Sonidos placenteros, di por qué lo son para ti.

Sonidos desagradables, di por qué lo son para ti.

Contemplando a Ennio Morricone, dirigiendo a músicos para la película *Érase una vez en América*, deseé que sonara así un libro mío. La banda sonora del film es muy acertada como melodía de los recuerdos y las vivencias que ya no volverán y que siempre vivirán en mí.

Fotografías. Mira más allá de la fotografía.

Libros que te hayan regalado, que hayas leído y comentado, que te
hayan dejado influencias de alguna clase.

Un menú que te transporte a una comida especial, a una mirada
particular.

Una carta de alguien especial en tu vida.

Los mapas de las rutas realizadas.

Periódicos de distintos períodos.

Programas de cine, de teatro, de circo.

Billetes de transporte.

Revistas que te conecten con momentos emblemáticos.

Escritos escolares, profesionales, recordatorios, etc.

Recetas de cocina.

Dibujos, gráficos, caricaturas.

Símbolos que te acompañan o te representan (como la cruz o la
estrella de David, por ejemplo, el símbolo de la paz o el logo de
un club, etcétera).

✍ EJERCICIO 25: Contraste

Escribe un relato constituido exclusivamente por 10 afirmaciones que
empiecen por *Le dije* y un final con una negación (*Pero no le dije*). Completa cada línea con las que necesites, de la siguiente manera:

Le dije...
Le dije...
Le dije...
Le dije...
Le dije...
Le dije...
Le dije...
Le dije...

Le dije......
Le dije......
Pero no le dije......

✍ EJERCICIO 26: La primera vez

Seguramente, has tenido muchos inicios a lo largo de los años. Por consiguiente, sea cual sea la vía que escojas, haz una lista de los que recuerdes
y escribe tu primera ocurrencia a partir de cada uno:

La primera vez que...

✍ EJERCICIO 27: Asignaturas pendientes

Lo que te da placer recordar.

Lo que te provoca añoranza.
Lo que no pudo ser.
Cuál te hubiera gustado que fuera tu lugar en el mundo.

✍ EJERCICIO 28: Epígrafe

Dice Alfredo Bryce Echenique: «Un epígrafe me puede servir de clave a
lo largo de todo el libro».
Busca un epígrafe para tu historia y escribe a partir de allí.

✍ EJERCICIO 29: Lista de estados de ánimo y sentimientos

Señala libremente lo que asocies con cada ítem de esta lista:

miedos

sospechas

decisiones

ilusiones

sorpresas

contradicciones

contrariedades

impulsos

equivocaciones

promesas

fracasos

sufrimientos

logros amorosos o profesionales

elecciones

crisis

discusiones

apariciones

reencuentros

✍ EJERCICIO 30: Lista de elementos determinantes

El cuaderno escolar:

El contenido de algún armario:

Un reloj:

Mi profesora de lengua:

Un domingo típico:

Una duda íntima:

Un perro:

Un verano especial:

Una ventana:

El piano:

Una carta de amor:

Un mail inesperado:

El primer beso:

El patio:

Una mirada callejera:

Unos zapatos:

Un huerto:

Un frasco de miel:

Un medicamento:

Una bufanda:

Un pueblo especial:

El olor del mar en:

EJERCICIO 31: Lista de comidas y bebidas ancestrales o emblemáticas

Hay comidas que representan nuestras raíces, nuestras vivencias en distintos lugares y nos producen una especial satisfacción. Cada persona tiene la propia. Esta es parte de la mía:

Croquetas de espinacas

Ravioles caseros

Sándwiches de miga

Pan con tomate

Esqueixada

Pescado relleno

Pulpo a la gallega

Berenjenas picadas

Ensalada de aguacate y endivias

Ensalada caprese

Tarta pascualina

Empanadas de carne

Milanesas

Asado a la parrilla

Croquetas de arroz

Aguacates con nueces

Vino blanco

Kir

Mate

Té verde

Zumo de zanahorias y manzana

Agua de la fuente

✍ EJERCICIO 32: Lista de áreas de tu vida

Una enfermedad temprana

Una relación confusa

Un contratiempo en tu carrera

Una meta inalcanzable

La relación con tu padre, tu madre, alguno de tus hermanos

La influencia de alguna persona sobre ti

Un viaje especial, exterior o interior

La impresión que te produjo un encuentro

Un abandono

Las conquistas (no solo amorosas)

Las renuncias

Las pruebas superadas (y fallidas)

Las peticiones de ayuda

Las huidas

Las oportunidades perdidas

Las responsabilidades asumidas

Las transgresiones

Los sueños (realizados o eternos)

Las convicciones

✍ EJERCICIO 33: Tu mapa biográfico

Ya estás en condiciones de diseñar tu mapa biográfico.

Instrucciones para su diseño:

En un folio en blanco grande o mejor en una cartulina, coloca en el centro tu tema y alrededor seis flechas.

- Anota junto a cada flecha, tres evocaciones distintas entre sí, de tu interior y tres distintas del exterior, pertenecientes a cualquier época de tu vida.
- Dibuja una línea de color alrededor de cada evocación según el valor emocional de cada una. Por ejemplo: el color rojo para todas las que, en cualquier sentido, tengan un componente emocional fuerte: desde un beso vinculado a tus labios hasta una escena que evocas al recordar el cuarto en el que te encerraste o la cólera de aquella vez en que no te escucharon.

Las anotaciones darán como resultado un mapa que podrás visualizar de una ojeada: te permitirá nutrir tu historia personal, descubrir matices en los que no habías reparado, profundizar en algunos aspectos y restarle importancia a otros.

Coloca como inicio la evocación de mayor impacto emocional de tu mapa biográfico

NOTA: Este mapa lo puedes ampliar con observaciones, conjeturas, comparaciones o interrogaciones.

TERCERA PARTE

DURANTE LA ESCRITURA

LAS TÉCNICAS Y LAS ESTRATEGIAS Y CÓMO APROVECHAR LA EXPERIENCIA VIVIDA EN UNA NOVELA

Verás que cada apartado de esta parte comienza con la palabra: *Pregúntate*. Con las respuestas, nutres tu mundo interno y tu libro en proceso.

Te recomiendo que, a medida que te adueñas de las técnicas y respondes a las preguntas, vayas elaborando ese libro. Ya verás si más adelante eliminas o añades. Es posible que te des cuenta de qué quieres hablar durante la práctica. Escribe hasta dar con algunos datos que te resuenen especialmente. Subráyalos y sigue. Los datos subrayados te darán pistas de tu campo emocional.

PARADA 11: LAS TÉCNICAS ESENCIALES Y LOS TRUCOS INÉDITOS

Seguramente, ya tienes bastante claro el comienzo. Ahora puedes concentrarte en los personajes, el enfoque, los diálogos, en establecer el escenario, la trama y la estructura, hasta alcanzar el final. Todos estos componentes hacen que un libro cobre vida. Entramos en el territorio de las técnicas y las estrategias.

Pregúntate: ¿Será el que elegí el mejor comienzo?

Asegúrate de que hayas partido de algo que te interese, te provoque curiosidad, te obsesione, y necesites trasladar a la página.

Te lo aclaro:

La escaleta

Una manera eficaz de continuar consiste en confeccionar lo que en cine se llama una escaleta y que se adapta perfectamente a la construcción de un libro. Te permite contemplar a vuelo de pájaro la estructura de la historia y la ruta a seguir para escribirla.

Un guion te da pautas para escribir. Toma nota de los momentos principales de ese guion en forma de escaleta. La escaleta es la herramienta de los guionistas, divide el argumento de la película en las escenas principales. Tú eres el guionista de tu propia película.

En cine, es un documento en el que se presentan en orden las escenas que compondrán el guion y que, en este caso, corresponde al hecho principal de cada capítulo. Nunca incluye diálogos, solo se describe lo que ocurre en cada escena.

Pregúntate: ¿Cuáles y cuántos son los hechos que me interesa desarrollar?

Es útil usar tarjetas, porque puedes moverlas y experimentar con un orden diferente; además es una forma muy visual de tener la trama delante. Hay programas, como Scrivener, que te proporcionan un tablón virtual donde organizarte.

Los personajes que te habitan

Ya puedes detenerte en los personajes que hasta ahora circulaban por tus pensamientos y que darán movimiento a la trama.

Pregúntate: ¿Qué personas influyeron en mí o formaron parte de mi vida, siempre o durante una etapa? ¿De quiénes necesito hablar?

Haz una lista. Una vez que los hayas reunido, respeta sus rasgos reales, pero no todos te servirán, solo los que los hagan vívidos y los que te permitan mostrar el aspecto que te interese destacar.

Los personajes tienen que mostrar su relación contigo, caminar, sentir, respirar. Explora sus motivaciones y su función en tu pasado. Deben ser más que palabras en una página.

Te recomiendo que te visualices como personaje y que visualices a los que formarán parte de la historia. Si tú no los ves, tampoco los verán los lectores. Hazlo de la misma forma en que miras a alguien en un autobús e imaginas su carácter, y revive un momento compartido. Al fin de cuentas, estarás tratando de investigar en el alma humana, a la que no puedes acceder en la vida real, intentando decir algo nuevo.

Te conviene hacer fichas de los principales y decidir su función en el conjunto, a partir de: 1) de lo que sientes sobre cada uno de ellos, y 2) qué te gustaría destacar de esa relación.

Pregúntate: ¿Qué particularidad tiene cada personaje?

La mayor parte de la información que obtienes no se incluye en la historia o sí. Pero el objetivo no es construir la trama, sino construir el *personaje* y no escatimar informaciones sobre cada uno.

Una opción es el uso de un cuestionario de personajes, como el de Marcel Proust. Saber, por ejemplo, que a uno de los miembros de tu familia le encanta cierta comida y otros rasgos en los que no habías pensado pueden ayudarte a saber más de él, o proporcionarte datos relevantes para la historia. Tal vez, frecuenta ciertos bares o tenía un restaurante favorito cuando era niño o desprecia la buena mesa, prefiere la carne en todas sus comidas, etc. Pequeñas preguntas como si le gusta salir de noche o, por el contrario, prefiere ver el amanecer, por ejemplo, pueden ayudarte a mostralos vivos en tu relato.

Pregúntate: ¿A qué hecho importante de mi vida me puede conducir cada personaje?

Acción y personaje están íntimamente ligados. Si deseas hablar de la ruptura de una pareja de tu entorno por culpa de los malos tratos del marido, este último no debería ser alguien equilibrado y encantador, salvo que lo sea en una etapa y después cambie, o que lo sea y tú lo aclares especialmente. Es decir, que debe tener los rasgos imprescindibles para que el argumento funcione.

Narra con tu propia voz

Ya puedes empezar a escribir. Tienes un inicio, personajes y hechos.

Empieza por el hecho de la escaleta del que tengas más material, no tiene que ser el primero. Eso sí, intenta hacerlo con tu voz propia, es decir, a tu manera. Tu voz propia es el puente hacia tu estilo personal.

Y engloba el punto de vista desde el que enfocas los episodios vividos y el tono emocional con que relatas esos episodios. Además, el uso del lenguaje. Determinado tipo y determinada organización de las frases caracterizan el estilo de un escritor. Entre otras cosas, reconocemos a Alberto Moravia por las frases simples y a Marcel Proust por las frases complejas y largas.

Debe ser una voz convincente, creíble y dinámica. Una voz segura de sí misma sabe por qué está contando esa historia, sabe por qué la cuenta de ese modo y sabe *exactamente* hacia dónde se dirige. Sabe que tiene algo que decir y por qué es la mejor manera de decirlo. Una voz confiada le dice al lector desde la primera línea: *Pasa, amigo, te prometo que valdrá la pena.*

Gracias a la voz, se reconoce fácilmente el estilo de Kafka (el absurdo), el de Marguerite Duras (la sensualidad), el de Borges (los espejos y sus variaciones). La voz es la personalidad, el lenguaje, el ritmo y la sintaxis. Y aunque una sea la predominante, todos tenemos más de una voz.

Pregúntate: ¿Qué me caracteriza? ¿Qué escucho, si me escucho? ¿Cuántas voces me habitan?

> ATENCIÓN: Nadie puede contar tu historia como tú. Nadie ve el mundo con la misma lente. Reconoce tus diferencias, incorpora detalles que solo tú puedes conocer. Mary McCarthy afirmaba que era inútil toda búsqueda del yo en la autobiografía, decía que se podía crear el yo, no encontrarlo, e ironizaba: «Lo que hago es tomar cerezas reales y ponerlas en un pastel imaginario».

El tono emocional

El tono emocional debe ser el más conveniente en cada momento del relato, y el más cómodo para ti. El estilo es uno, los tonos pueden ser tantos como las voces de los personajes impongan.

De la mirada se desprende el tono emocional con que lo cuentas. Se expresa con los sentimientos.

Truco: Diferencia sensaciones, emociones y sentimientos. Las sensaciones tienen que ver con los sentidos: la vista, el olfato, el tacto, el gusto y el oído, crean atmósfera; establecen empatía con el lector y tienen gran capacidad de evocación. / Las emociones son estados afectivos, como la alegría, la pena, la ansiedad, establecen cercanía con el lector y conviene reflejarlas en los actos / Los sentimientos son las consecuencias de las sensaciones y de las emociones.

Te doy una lista de tonos: crítico, amistoso, dudoso, amoroso, frío, de deseo, de rechazo, de sospecha, de denuncia, es decir, según tu sentimiento frente a lo que cuentas.

Es conveniente evitar el tono afirmativo o aseverativo, siempre atrae más el matiz de la duda o de la incertidumbre. Entre otras cosas, permite que el lector tome partido de lo que le cuentas, que encuentre posibilidades y las aplique a sí mismo. También es conveniente evitar el tono académico, el muy explicativo, el abstracto o el rebuscado. En cambio, el tono de confesión, de indagación, de exploración, de interrogación, una voz encubridora, testimonial, atrae a los lectores.

> ATENCIÓN: Evita el tono neutral (solamente informativo) y el estilo que no derive de tu personalidad.

Pregúntate: ¿Cómo quiero decirlo?

En un susurro, como hace Primo Levy.

En un grito, como hacen Dostoyevsky, Edgar Allan Poe, Leo Perutz en la novela fantástica, Philip K. Dick en la ciencia-ficción o John Franklin Bardin, en la novela negra.

Se vincula con la mirada desde la que miras (juzgas, investigas, sospechas, te compadeces…) a otra persona y a ti mismo. En este caso es una mirada irónica:

Ahora hay más agitación, la gente viene a visitarme a mí. Dicen que les interseo. Como tú, que has puesto esa grabadora sobre mi cama. Pero estás muy lejos. Acerca más esa silla de plástico, chica… Ahora está mejor. Una cara bonita. ¡Oh!, sé qué aspecto tiene la mía. Arrugada y abollada como una calabaza seca. Pero lo mismo pasa con lo que hay detrás. ¿No dicen que cuando más lista es una persona más arrugado tiene el cerebro? Bueno, chica, si lo que hay dentro de mí tiene el aspecto de lo que me cuelga por fuera, creo que debo haber llegado al nivel de los genios.

ALLAN GURGANYS, *La última viuda de la confederación lo cuenta todo*

ATENCIÓN: No nos ven todos los demás de la misma manera ni nos ven como nosotros nos vemos. La visión depende del grado de relación existente, de la distancia, del filtro del afecto, de las edades...

Podemos escuchar tres relatos referidos a la misma persona, y creer que son tres personas distintas:

1. *Manos grandes, curtidas por el sol y por el tiempo, con deseos de enlazarse con otras manos y superar la soledad.*
2. *Frágil a pesar de su robustez, de caminar resignado y pisando fuerte.*
3. *Rostro apacible y seco, como el mar que habita. Nariz larga. Boca que sonríe poco y cuando lo hace muestra la falta de dos dientes.*

Si decides emplear distintos tonos, controla la escala tonal: tristeza, melancolía, seriedad, depresión o alegría, jovialidad, ligereza, con el tono transmites las emociones del narrador al lector.

¿Acaso no escuchas una voz que se dirige a ti cuando un libro te gusta mucho?

Tus narradores internos

Ten en cuenta el factor ficcional de una novela autobiográfica. El narrador (incluso el autobiográfico) es una invención del autor para servir de intermediario con el lector. Por tanto, es un personaje más de la ficción. Tienes que prepararlo para ejecutar su labor: una buena opción es desdoblarte. Tantas veces como lo necesites, rescata tus diversos narradores interiores.

LA CONFESIÓN DE PEDRO ALMODÓVAR

Almodóvar no respeta las reglas de los géneros, los mezcla, porque dice que la vida es así. «A lo largo de un solo día uno atraviesa momentos de comedia, de drama, de tensión y de algún género más: espías, persecuciones, etc. Mis guiones reflejan esa variedad de estados de ánimo y los giros surgen de modo natural. Representan mi modo de ver la vida y mi propia vida en el momento en que las hago. Trato temas eternos a mi manera. El deseo, el origen de la creación artística, la aventura de mezclar la creación con tu propia vida… siempre me ha interesado esa interacción. La soledad, la familia, la belleza, el humor dentro de la tragedia, la locura que puede provocar el abandono de la persona amada. La maternidad, la identidad…».

Decide el punto de vista

Puedes enfocar lo que relatas desde cerca, desde lejos; en primera persona (es el más común para una historia de vida); el multiperspectivismo, así lo usa mi amiga, la escritora Marina Mayoral, a raíz de que cuando alguien le cuenta algo que atañe a otras personas, siente la necesidad de escuchar la versión del otro o las otras para poder entender la situación o poder darle una opinión.

Mucha gente dice que quiere escribir un libro sobre su vida. A lo largo de años, han acumulado experiencias y aprendido lecciones en lecturas interesantes. Sin embargo, nunca se deciden a empezar. Uno de los pretextos es que no tienen un gran argumento,

Sin embargo, todos tenemos una historia que contar y, en realidad, más de una. Ajustar el enfoque es el mecanismo necesario para que el libro sea posible. Pero ¿cómo ajustar tu enfoque?

El punto de vista es el ángulo de visión que adopta el narrador para contar la historia. Por eso se habla también de focalización: el punto óptico del narrador se convierte en un foco que alumbra a los personajes y sus acciones. Cuando te comentaba que la eficacia de lo que cuentes depende de cómo lo cuentes, me refería especialmente al punto de vista y al tono emocional de la voz que se fusionan en la figura del narrador, que corresponde a cada relato en particular, aunque todo pertenezca al mismo autor.

Pregúntate: ¿Desde qué punto de vista me gustaría contar mi historia?

Una anécdota zen se refiere a tres albañiles que pegaban ladrillos. Al primero le preguntaban «¿Qué está haciendo?», y él decía: «Pego ladrillos». Al segundo le hacían la misma pregunta y respondía que estaba levantando un muro. Mientras que el tercero decía: «Yo estoy construyendo una catedral».

Ya ves, tres puntos de vista distintos sobre una misma actividad.

Del mismo modo, puedes ser una víctima o el verdugo, el hijo de un zar o un plebeyo.

ATENCIÓN: No confundas. Tu voz propia como autor es la misma para todo lo que escribes. La voz narrativa es la del narrador de turno que eliges para cada relato vinculado a la voz del protagonista o del enfoque si es un testigo.

Entre los tipos de narradores se encuentran los siguientes:

El protagonista, que cuenta con sus propias palabras lo que siente, piensa, hace u observa. La acción del relato es la historia de ese personaje y todos los demás existen a través de él.

Si el narrador se limita a contar aquello que ve y hace, la narración será externa y objetiva. Si además emite sus pensamientos, sentimientos y elucubraciones, la narración será interna y subjetiva. Si habla consigo mismo, se convierte en un monólogo interior, lo que entrega al relato los vaivenes de la mente, desórdenes de pensamiento, espantos e ilusiones. Te da la oportunidad de crear inmediatez, de introducir al lector en la atmósfera, en tus pensamientos, en tus motivaciones psicológicas.

Usar la primera persona al contar momentos vividos es lo natural: hice tal cosa, busqué aquello, pensé esto otro. Pero es válido también emplear la tercera persona. O la segunda de la narrativa epistolar. Sin embargo, escribir en primera persona suele resultar más creíble y te permite profundizar en el protagonista.

> ATENCIÓN: Agregar un matiz de duda o un comentario ajeno hace que resulte creíble la voz en primera persona cuando habla de algo que no puede conocer.

El testigo se queda en los márgenes del relato. Puede ser un amigo, un pariente, un vecino, y hasta una gata. Un ejemplo es el doctor Watson, que narra las acciones de Sherlock Holmes. No puede referir lo que piensan o sienten los personajes sino a través de sus gestos o de sus suposiciones.

Puedes hablar de ti en tercera persona, como lo hace Paul Auster en la segunda parte de *La invención de la soledad*, o Silvina Ocampo, en *Invenciones del recuerdo*:

Durante dos meses de un verano,
en el campo,
sufrió de apendicitis aguda,
después de haber comido todas las cerezas de un árbol.
Cuando sobrevino el invierno,
estaba tan delgada que la llamaban Tero.

Paul Auster lo hace también en segunda persona, en *Diario de invierno*:

Piensas que nunca te va a pasar, imposible que te suceda a ti, que eres la única persona del mundo a quien jamás ocurrirán esas cosas, y entonces, una por una, empiezan a pasarte todas, igual que le suceden a cualquier otro.

Un punto de vista que siempre resulta atractivo es el del protagonista (o el testigo) que no llega a comprender lo que le pasa o lo que pasa. De esta forma se sostiene la tensión narrativa.

- El objetivo es similar a una cámara de cine que sigue a los personajes adonde vayan, observa sus gestos y sus reacciones, solo comunica lo que ve: menciona sus actos, pero no penetra en su mente.
- El omnisciente, que lo sabe todo: lo que los personajes sienten, piensan y hacen; lo que deberían haber hecho y no hicieron; lo que soñaron y no recuerdan… Es el menos conveniente en una historia de vida, te diría que es imposible recurrir a él.

Conclusión: El punto de vista es uno de los principales vehículos de la voz. Es la posición estratégica desde la que se cuenta la historia. Usar una perspectiva diferente es contar una historia diferente. La voz le da forma, determina sus ritmos, su tono, su impacto en el lector, así como lo que se puede y no se puede exponer.

ATENCIÓN: Un punto de vista equivocado puede diluir el mejor ar gumento.

EL MENSAJE DE JOSÉ SARAMAGO, EN *VIAJE A PORTUGAL*:

«El viaje no acaba nunca. Solo los viajeros acaban. E incluso estos pueden prolongarse en memoria, en recuerdo, en relatos. cuando el viajero se sentó en la arena de la playa y dijo: «no hay nada más que ver», sabía que no era así. El fin de un viaje es solo el inicio de otro. Hay que ver lo que no se ha visto, ver otra vez lo que ya se vio, ver en primavera lo que se había visto en verano, ver de día lo que se vio de noche, con el sol lo que antes se vio bajo la lluvia, ver la siembra verdeante, el fruto maduro, la piedra que ha cambiado de lugar, la sombra que aquí no estaba. Hay que volver a los pasos ya dados, para repetirlos y para trazar caminos nuevos a su lado. Hay que comenzar de nuevo el viaje. Siempre. El viajero vuelve al camino.»

El narrador testigo lo es también de las voces de los personajes

Los diálogos cumplen una función escénica: una vez presentada la situación, escuchamos la voz de los personajes, acompañada solo por puntualizaciones que el narrador hace acerca del tono, los gestos, los movimientos…

Permite mostrar directamente a los personajes, los vemos en vivo.

La unidad del relato requiere que el personaje sea consecuente con su personalidad, por lo que no puedes atribuirle expresiones que no diría. Don Quijote nunca podría decir: «To be or not to be, that is the question», como Hamlet. Ni un policía puede hablar como tú (salvo que también lo seas o te expreses como tal).

Trucos: La réplica de un personaje a otro no tiene por qué ser la respuesta a esa pregunta. No deben decirlo todo / no deben hablar del tema en sí (del amor, del miedo, etc.), sino reflejarlo de forma indirecta. Se pueden sustituir los «dijo» por acciones o por descripciones que sugieran quién habló.

ATENCIÓN: La omisión de un diálogo necesario empobrece la escena.

100

Tu estilo personal

Te decía que tu estilo es tu personalidad, tu ideología, el tipo de lenguaje procedente de tu ritmo interior.

Hay escritores de mayoría de frases cortas. Hay otros de frases largas. Hay escritores de comas, de puntos suspensivos o, como yo, que soy de paréntesis. ¿A qué se debe la elección? En mi caso, a mi idea de que bajo una historia (que lees o que te cuentan) se esconden muchas otras, si prestas atención.

Pregúntate: Cuál es tu signo de puntuación preferido o el que más usas (si lo usas de forma acertada) y te estarás acercando a tu estilo.

Me acabo de dar cuenta de que en estos dos últimos párrafos usé dos veces los paréntesis.

Decía Nabokov que el estilo es una voz propia, reconocible entre muchas otras a las pocas líneas, como reconocemos a Stendhal, a Dostoyevski, a Amelie Nothomb. Es la música, el ritmo, el tono, el sonido, el lenguaje, tan presentes en el escrito que al lector le parece escuchar esa voz. Y alguien dijo que no hay nada más complicado que ser sencillo. En general, la sencillez indica autenticidad. En ese caso, lo que el autor o la autora dice, le resultará necesario al lector. Es decir que para una autora o un autor encontrar su tono, dar con su voz, es encontrar su verdad. Se trata de leer el mundo y los acontecimientos a través del filtro de las propias vivencias, provenientes de la memoria más profunda anclada en la infancia y de las creencias. Para lograrlo, hay que hacer —como en los coches— una puesta a punto interior.

Las unidades narrativas

En su conjunto, el desarrollo del relato puede contener:

- Obstáculos que dificultan el cumplimiento de un deseo.
- Peligros reales o imaginarios (emocionales) que amenacen directa o indirectamente al protagonista.
- Suspenso producido por una frase que se repite o por el hecho vivido por el protagonista.
- Encuentra problemas para alcanzar su objetivo o si tiene que resolver algún enigma.

Puedes elaborar el desarrollo mediante las unidades narrativas que son la escena, el resumen y los episodios.

- La escena

En este caso, puedes observar las escenas en una película y lo tendrás más claro.

Cada escena está sometida a la unidad de tiempo, de lugar y de acción y, en la mayoría de los casos, a un mismo punto de vista.

Puede incluir diálogos.

Por consiguiente, una vez que conoces el desarrollo general de tu historia, puedes confeccionar una serie de escenas que lo contengan, aunque solo es una opción entre otras. En principio, trabaja con dos clases de escenas: las principales, que muestran al protagonista enfrentado al conflicto, y las de transición derivadas de las principales. Así, tendrás la mayor parte de la narración estructurada.

Pregúntate: ¿Qué escenas y cuántas necesito?

La escena puede ser de acción, en la que puedes presentar una acción mínima, como una llamada telefónica dando una noticia que interrumpe la cena o puedes presentar un hecho catastrófico.

La escena de reacción contiene la reacción a algo planteado en la escena anterior, y puedes mostrar sentimientos, comportamientos y consecuencias derivadas del conflicto vivido, como, por ejemplo, tras la escena de acción, los personajes reflexionan y deciden qué hacer.

Visualízalas mediante la vista y el oído e incluso el tacto, el olfato y el gusto. Si eres el protagonista, desdóblate y mírate en cada escena.

Toma nota de lo que visualizabas y bosqueja una guía de cada escena. Comprueba que es parte del desarrollo total, de la trama; que se conecta con la escena anterior y produce la siguiente; que el protagonista esté involucrado en la escena; y que cada escena hace avanzar la acción.

- El resumen. Cuanto más tiempo cronológico abarque la historia que quieras contar, más tendrás que acudir al resumen. Si quieres abarcar varios años en una narración breve, el mismo formato te obliga a contarlo en forma de resumen.
- El episodio necesario y el prescindible.

LA CONFESIÓN DE MILAN KUNDERA

«El episodio es una simple casualidad estéril, que puede ser suprimida sin que una historia pierda su ligazón comprensible, y no es capaz de dejar una huella duradera en la vida de los personajes. Van ustedes en metro a un encuentro con la mujer de su vida y, un momento antes de la parada en que han de bajar, una joven desconocida, en la que no se habían fijado (ya que iban a encontrarse con la mujer de su vida y no se fijan en nada más) sufre una indisposición repentina, se desmaya y se va a caer al suelo. Como están a su lado, la sujetan y la tienen entre sus brazos unos segundos hasta que ella abre los ojos. La sientan en un sitio que alguien deja libre para ella y, como en ese momento el tren comienza a frenar, se separan de ella casi con impaciencia para bajar y correr tras la mujer de su vida. En ese mismo momento la joven a la que poco antes tenían entre los brazos ya está olvidada. Esta historia es un típico episodio. La vida está repleta de episodios como un colchón lo está de lana, pero el escritor (según Aristóteles) no es un tapicero y debe eliminar todos los rellenos de la historia, aunque la vida real no se componga precisamente más que de rellenos como este».

Sin embargo, podría suceder que te quedes pensando en ella y trates de encontrarla: entonces pasa a ser un episodio necesario.

> ATENCIÓN: No coloques episodios ajenos a la trama. Cada vida está compuesta por innumerables episodios que pueden conmover al que los ha vivido, pero que resultarían intrascendentes si no se conectan de alguna manera con el tema central.

El entorno

Construir un entorno es más que párrafos de descripción de un bosque lluvioso o las calles de la ciudad. Es cómo ves el mundo de tu historia y cómo lo reflejas.

Empieza por elegir un lugar de los que apuntaste en la lista de Lugares, y a continuación muestra distintos hechos sucedidos en ese lugar para desarrollar más adelante los significativos. Como ejemplo, te muestro cómo lo hice yo:

Una ciudad especial: Rogny (Francia), vamos a la casa de mi hija
  Valeria
Un paseo a una ciudad cercana: la ciudad en la que está la casa de
  Colette
Un elemento típico: el barco-vivienda en el río
Un acontecimiento esporádico: la brocante
Una foto: la foto de mis hijas en el puente
Una particularidad: los pasteles de Madame Elise
Un juego en una tarde lluviosa: la partida de cartas con Milá Carlota

Una celebración especial: la Navidad con la familia completa

Ramificaciones:

De un paseo: vamos en coche al pueblo de Colette, unos van a la librería
de novelas policiacas; otros al mercado de quesos; otros se quedan en
el parque y quedamos en reencontrarnos en el mercado.

Del barco-vivienda en el río: la historia de sus moradores que me contó
Valeria).

De la brocante: el haber encontrado la estatua hecha en mármol
blanco de una mujer, con la que soñé durante tanto tiempo —los
manteles—, la compasión que sentí por uno de los feriantes al
que le compré todos los afiches de cine que vendía y su expresión
de alegría.

De la partida de cartas con Milà Carlota: el banco del jardín en el que
acabamos heladas, pero muertas de risa — los proyectos que hicimos
mientras jugábamos.

De la Navidad con la familia: el pavo que hizo Christian / las
caminatas por el bosque / la ilusión de Milà Carlota / la alegría
de Mikael, Bru, Luca, Nahuel y Tomás).

El paso siguiente será tejer la trama con el material acopiado en torno a un hilo conductor. Lo amplío a continuación.

El esquema para distintos tipos de novela

Con elementos de la autobiografía puedes trabajar la base estructural que sustentará distintos tipos de novela.

No todos los nudos biográficos se mantendrán como nudos narrativos en la ficción. La novela responde a un ritmo propio en el que el interés depende de su perfecta arquitectura: es fundamental la progresión narrativa, un crecimiento de la intensidad y, casi siempre, algunos momentos de tensión.

Puedes recurrir al esquema

Una vez que has recopilado y seleccionado el material, y sabes desde qué punto de vista lo enfocarás, según cómo plantees el esquema tendrás novelas de tipo policial, fantástico, erótico, intimista, filosófico, poético, etcétera. Dicho esquema (que puede provenir de circunstancias vividas, con datos tomados del diario, de cartas, de visiones de uno mismo) se puede extender tanto como necesites.

Puedes partir del siguiente esquema clásico:

–Nací…
–En la escuela…
–Protagonicé…
–A los veinte años…
–Fue cuando conocí a…

La lista podría continuar.

Se puede ampliar lo suficiente (con datos vivenciados o inventados) para establecer una trama progresiva, coherente y creíble, que responda a una intención. He aquí algunos ejemplos:

Texto A: tendencia fantástica: basada en sueños y fantasías.

–Nací con la cara completamente gris.
–En la escuela me deslumbraron las matemáticas: resolvía las ecuaciones sin mirarlas. Parpadeaba y se grababan los resultados en el papel.
–Protagonicé tiempo después una epidemia de bostezos.
–A los veinte años me convertí en jefe de los suspiros.
–Fue cuando conocí a una mujer con la que suspirábamos a dúo y nos mirábamos como en un espejo pues su cara era del mismo color gris que la mía.

Texto B: tendencia erótica: basada en experiencias, actitudes, deseos.

—Nací de una madre adúltera.

—En la escuela seducía a los chicos de cursos superiores.

—Protagonicé un concurso de labios carnosos y lo gané. Heredé la boca de mi madre.

—A los veinte años no podía vivir sin un hombre.

—Fue cuando conocí a Madame Coquet.

Texto C: tendencia policíaca: basada en episodios vividos.

—Nací en un barrio alto.

—En la escuela era el líder indiscutible y debía controlar ciertas reacciones violentas.

—Protagonicé un torneo de lucha libre.

—A los veinte años entré en el ejército.

—Fue cuando conocí al que ahora es mi socio.

Texto D. Tendencia intimista: basada en conflictos y sensaciones.

—Nací en la casa de mi abuela, en el campo.

—En la escuela le temía al director y a la señora de la limpieza.

—Protagonicé…

—A los veinte años estuve a punto de suicidarme.

—Fue cuando conocí a una actriz, diez años mayor que yo, de la que me enamoré.

Texto E. Tendencia filosófica: basada en razonamientos y elucubraciones mentales.

—Nací con la mirada puesta en un punto imaginario.

—En la escuela estaba metido en mis elucubraciones.

−Protagonicé un concurso de silogismos.

−A los veinte años ya había leído a todos los clásicos.

−Fue cuando conocí a Spinoza que…

Texto F. Tendencia aventurera: basado en reacciones emotivas.

−Nací un día de luna menguante.

−En la escuela me distraía fantaseando.

−Protagonicé una marcha rebelde.

−A los veinte años supe que el planeta peligraba.

−Fue cuando conocí al hombre que me iluminó el camino.

2. Graficar los cimientos

Se trata de tomar una cartulina grande de color blanco y distribuirlo como si vieras el conjunto −tu mundo novelesco− desde lo alto. En primer lugar, marca las escenas principales y señala con un color en cuáles podrían aparecer datos biográficos y qué tipo de datos.

En segundo lugar, plantéate la organización adecuada según el tipo de novela, y establece las redes entre las escenas: grafica la trama.

El conjunto

Todo lo que hemos visto hasta ahora son como los cajones para el mueble. Ahora veremos cómo colocamos esos cajones de modo que encajen y luzcan en el conjunto.

Para ello, tienes que saber diferenciar entre argumento, trama y estructura.

Veamos.

Diferencias entre argumento y trama

Se supone que la lista de hechos que enumeraste en la escaleta responde al posible argumento.

¿Entonces, la trama?

Tramar una historia es organizar la materia prima del argumento con un sentido. O sea que en la trama puede cambiar o no el orden (generalmente lógico) en que los hechos se suceden en el argumento.

Debes tener razones para empezarla por donde la empiezas y avanzar como avanzas. O simplemente empieza por las primeras palabras que acudan a ti. Dice un proverbio árabe que una palabra dicha se convierte en un cuento. Así, en la aldea se juntaban por las mañanas todas las mujeres en la orilla del río, y hablaban entre risas y trabajos. En una ocasión, una le dijo a la que tenía a su lado: «Mi marido me regaló unos pendientes de oro». Esta le susurró al oído a otra mujer: «A Zulma, el marido le regaló unos pendientes de oro y brillantes». «Qué suerte tiene esa que nosotras no tenemos», dijo esta última a otra, agregando un bantatif. Y la envidia trajo la desconfianza. «Vaya uno a saber de dónde sacó eso el marido», dijo una. Y otra: «A alguien se lo habrá robado». Alguna agregó: «Claro, con razón el marido sale de noche, dicen que trabajó en palacio…» «Y como es guapo, la princesa se habrá enamorado de él y le habrá dado la joya…». «Tal vez por eso el rey le construyó un palacio aparte con altos paredones…» Y llegó a oídos de todo el pueblo que el esposo de Zulma tenía un idilio secreto con la princesa. ¿Se te ocurre un final posible?

En suma, una frase que crece, una serie de conjeturas impulsadas por sentimientos encontrados y un remate final. Ya ves, empieza por una frase que sugiera algo más, sigue por las conjeturas, encuentra un final.

¿Y por qué no una sola palabra? La que se te acaba de ocurrir ahora mismo. Divídela en sílabas, cada sílaba genera otras palabras, y ya tienes para empezar. O empieza con un fragmento: el de un recuerdo, el de un sueño, el de una observación, hasta tener los cimientos de la construcción.

Pero visualiza tu libro como un conjunto de ladrillos intercambiables, no con un bloque indivisible: prueba, cambia los ladrillos de lugar y observa los resultados.

Decide así la trama más apta. Entonces:

Escribes un capítulo cualquiera que más adelante decidirás si es el primero, uno central o el último, o si debes eliminarlo.

Escribes el primer capítulo sabiendo cuál será el último, aunque, al llegar allí, lo cambies.

Imaginas la construcción total. Distribuyes el material en bloques, capítulos, fragmentos o lo que la historia te sugiera.

Una vez decidida, una forma de controlarla e intercalar subtramas es volver a enumerar los hechos (la escaleta), teniendo en cuenta que, todo lo que sucede, tiene que suceder porque la historia lo necesita y que ese orden es el más eficaz.

La estructura: Las partes

Pregúntate: ¿Qué estructura es la más acertada para contener mi relato?

ATENCIÓN: Lo que escribimos con naturalidad se ajusta a una estructura que proviene del interior de nuestra psique.

Un modo de encontrar la posible estructura es observar la estructura de un libro cuya una lectura te resulta grata: si es un libro con capítulos breves o largos; si en lugar de capítulos, son fragmentos numerados; si está compuesto por distintas partes, etcétera. Todas las variantes se desprenden del ritmo interior del autor con el que, seguramente, te identificas.

Una historia larga se puede dividir en partes (Primera, Segunda, Tercera) y cada parte debe estar compuesta por un conjunto ligado a los de las partes restantes, pero es autónoma en algún sentido: en el momento que transcurre la historia, en el espacio en el que se desarrolla, en la relación entre el personaje principal y los restantes, etcétera.

Generalmente, una historia corta forma una única unidad.

El arte de los capítulos

- El inicio: Debe mostrar de entrada que necesitas contar lo que cuentas, es un misterio, es diferente, es candente, y allí presentas a la vez protagonista y situación inicial que desencadenará las siguientes. No plantear demasiadas informaciones ni demasiados personajes.
- Truco: Si crees que has escrito el posible comienzo del libro o de un capítulo o un cuento, un truco es imaginar que ese principio no es el verdadero principio. Que lo completarás más adelante. Que eso que ahora escribes es un fragmento. Incluso, aunque después lo retomes como tal.
- El nudo: Cada capítulo corresponde a una situación y a una acción, con su propio hilo narrativo, pero siempre vinculadas al mismo hilo conductor.
- La transición: Es necesaria una buena transición entre los capítulos con pistas a retomar: por ejemplo, un capítulo puede acabar con una conversación en la que dos personajes hablan de lo seductor que es el principal. Y en el capítulo siguiente, la mujer del principal rechaza al seductor por su mal carácter.
- La conexión entre los capítulos: Pueden vincularse en forma continuada o alternada, pero deben conectarse.
- El final: No puede estar desconectado totalmente del inicio. Y se deben dejar abiertas algunas posibilidades, algunas respuestas, algo a retomar. En este sentido, el *cliffhanger*, como final de capítulo, es una herramienta para abrir el suspense: con una frase, una acción, una decisión, un sentimiento, etc., a retomar en alguno de los capítulos siguientes. Quiere decir «al borde del precipicio» o «al borde del abismo». Así deja imaginariamente al lector.

- El ritmo. Está dado por la distribución de los acontecimientos en el relato: más o menos veloz, más o menos lento.
- En su totalidad, los capítulos no deben estar ordenados respetando una sucesión lógica y cronológica, sino la que pide la trama.

> ATENCIÓN: El problema que se puede presentar es que los capítulos sean ricos en sí mismos, pero no se note la conexión entre ellos ni la progresión de uno a otro.

El conjunto se puede comparar con una sinfonía musical constituida por una sucesión de impactos emocionales que culminan en el desenlace.

El final

Es la luz al final del túnel. Conviene que en la historia que narras vislumbres algo de lo que va a ser el final.

Tiene que surgir como consecuencia del desarrollo y guardar cierta conexión con el inicio, cierta transformación entre ese inicio y el final. Procede de algunas pistas que habrás ido dando, y que abren constantemente la pregunta «¿y ahora qué pasará?, pueden provocar sospechas, pero nunca permiten adivinar ese final.

Insisto y te doy un ejemplo: La primera frase de un relato debería escribirse con miras al final.

- Comienzo con una oración complementaria, construido a partir del ocultamiento de la información:

Como Alicia se resistía, Magda se guardó la carta en el bolso. Se levantó y se fue sin agregar palabra.

Dos opciones de final:

- Final que se resuelve tergiversando el inicio:

Fue entonces Alicia quien tuvo que resignarse.

- Final que incrementa la intensidad, la información del principio se convierte en dramática o insoportable al final.

Alicia la buscó durante meses, pero no supo qué contenía la carta.

En el inicio de «La caída de la Casa Usher», Edgar Allan Poe describe la mansión, destaca la laguna que está debajo de la casa y la grieta que recorre el edificio «desde el tejado hasta las aguas sombrías del estanque». En el final del cuento, la grieta se abre y la mansión se hunde en la laguna.

Conclusión: El final debería caer de golpe como un efecto. Puesto que conviene que sea inesperado, se necesita algún indicio previo que le permita al lector atar cabos (y así se refuerza su deseo de pasar al capítulo siguiente).

Resolver un texto con un final abierto o uno cerrado no es una elección arbitraria, sino una exigencia del propio texto. Las claves de un final eficaz están incorporadas en la idea de coherencia: el principio, el desarrollo y el final hilados en función de la totalidad; nudos de la misma red.

Hablar del final como cese significa hablar de algo que acabó definitivamente. De resolver todos los puntos oscuros de la narración.

Hablar del final abierto significa hablar de algo que acabó, pero que puede tomar un desvío hacia otra cosa; o que acabó, pero no sabemos muy bien exactamente cómo. Allí se moviliza la curiosidad, el pensamiento y la libre elección del lector.

ATENCIÓN: Finalizar un texto con un final abierto no es igual a interrumpirlo.

No se puede olvidar que cuando acaba el texto, empieza el trabajo mental del lector. De ese trabajo es responsable, en buena medida, el final, cuyo secreto reside en ser significativo y necesario.

TU DECISIÓN: Ahora compara estas dos posturas y decide:

Para Aristóteles, «el elemento más importante de todos es la trama de los hechos; pues la tragedia es imitación no de personas, sino de acción y de vida, y la felicidad y la infelicidad están en la acción».

En Chéjov la acción pasa a un segundo plano, interesan más los sentimientos y el ánimo que lo que los personajes llevan a cabo en las acciones. Para él, la obra literaria es un laboratorio de la vida, donde no se busca tanto contar lo que se hace, sino investigar las razones por las que se hace lo que se hace.

Por ejemplo, en su breve novela *Mi vida: relato de un hombre de provincias* actúa según los estados anímicos del protagonista, la realidad se presenta según sus pensamientos y convicciones.

Su mensaje sería: Miraos bien y fijaos en la vida inútil y triste que lleváis. Lo más importante es que la gente se dé cuenta de esto. Y al entenderlo seguro que construirán otra vida, una vida mejor.

Escucha lo que dijo Ray Bradbury: «La trama no es más que las huellas dejadas en la nieve después de que tus personajes hayan pasado corriendo hacia destinos increíbles».

Decide tú.

SI MIRAS FIJAMENTE A ESTE PÁJARO
ACABARÁS ENTENDIENDO SU MENSAJE

LA CONFESIÓN DE GEORGES SIMENON

«Primero defino el ambiente, luego al protagonista y los personajes; en tercer lugar, el hecho traumático, y a continuación se trata de dejar que estos elementos conduzcan naturalmente a la conclusión lógica.

"Hoy hay un poco de sol aquí. Esto podría recordarme tal o cual primavera, quizá en alguna pequeña ciudad italiana, o cierto lugar de la provincia francesa o de Arizona, no sé, y luego, poco a poco, me vendrá a la mente un pequeño universo, con algunos personajes"

La rumia podía durar algunas semanas. Cuando notaba que uno de esos personajes cobraba vida propia, le buscaba un nombre que le cuadrara, seleccionando de las largas listas de nombres y apellidos que había confeccionado a partir de unas cuantas guías telefónicas. Una vez definido el ambiente, el protagonista y cómo se llama, y algunos detalles más, la siguiente etapa consistía en apuntar en un sobre amarillo —superstición que mantuvo toda la vida para conjurar el éxito de la primera novela y el primer sobre amarillo— el título y los nombres y datos de los personajes principales.

Primero toda la familia del personaje, hasta el abuelo y la abuela (…) Necesito saber todo el pasado, la infancia de mis personajes, a qué escuela fueron, cómo vestían a los dieciocho años. Necesito un plano de su casa, su número de teléfono, su dirección, saber si tienen cuñados o cuñadas, si se ven a menudo…

Una vez decidido el decorado y el personaje, pasaba a pensar en la intriga:

"Dado este hombre, el lugar en el que se encuentra, dónde vive, el clima en el que vive, dada su profesión, su familia, etcétera, ¿qué puede sucederle que le fuerce a ir hasta el fondo de sí mismo?". Un acontecimiento que de repente cambie el curso de la vida del héroe —o, mejor dicho, antihéroe—. Este acontecimiento, que puede ser una enfermedad, una muerte, el descubrimiento de un secreto, será el tema del primer capítulo de la novela. Y al día siguiente, con una idea más bien vaga de lo que sucederá en adelante, Simenon se pone a escribir, con una estricta economía de vocabulario y alternando de forma libérrima el desarrollo de los hechos con las evocaciones retrospectivas de la vida del protagonista.

Escribía en estado de trance en una habitación con las cortinas corridas un capítulo al día, en menos de tres horas, desde las seis y media de la mañana a las nueve, y directamente a máquina. Al cabo de una semana la novela estaba terminada, a falta solo de algunos días más para corregir, retocar, pulir».

PARADA 12: APROVECHAR LA EXPERIENCIA VIVIDA EN UNA NOVELA

La memoria nos juega malas pasadas. De hecho, olvidamos esas cosas que pensábamos que jamás olvidaríamos —como completa la escritora Joan Didion: «entonces mi biografía siempre tendrá una parte de ficción»—. En este sentido, una puntualización importante: Es posible que autobiografía y novela se fundan hasta tal punto que la decisión acerca de si es una o la otra dependerá del lector, como bien aclara Ernest Hemingway con respecto a *París era una fiesta*, que narra los recuerdos de cuando vivía en París en los años 20 con todos los escritores estadounidenses expatriados. Advierte que «si el lector lo prefiere, puede considerar el libro como obra de ficción». En cada capítulo, retrata a un personaje vinculado a su vida, de Ezra Pound destaca su generosidad; de Fitzgerald, su inseguridad; de Ford, su aire de superioridad; de Stein, su agudeza.

Inicio esta parada con una confesión de Almudena Grandes que contiene ideas puntuales en cada frase sobre la relación entre realidad e irrealidad a la hora de escribir nuestra vida.

- -

LA CONFESIÓN DE ALMUDENA GRANDES

«Es irresistible la tentación de tratarse a uno mismo como personaje. Todo lo que uno escribe procede de su propia memoria, no es un registro objetivo de la realidad, es una creación de cada uno. Seleccionamos, adornamos, eliminamos, nos apropiamos de los recuerdos de los demás y los contamos como si fueran nuestros. Eso es lo que hace un novelista partiendo de la memoria. Ampliamos esa memoria y nos apoderamos de la vida de los demás. Y nos lo creemos para poder contarlo. De esa manera lo trabajamos. La literatura es un espejo de la vida, pero la literatura es un reflejo oblicuo y mentiroso de la vida del escritor.

En este sentido, tengo la impresión de que el *Atlas de geografía humana* cierra un ciclo testimonial de mi obra. El testimonio del mundo que conozco. Escribí *Atlas* porque me sentía atrapada, estaba un tanto escéptica. Se desarrolla a partir del conflicto de una serie de personas que tienen su última oportunidad —mi última oportunidad—, y que genera una sensación angustiante. Yo era muy escéptica con respecto a las posibilidades de la vida de sorprenderte. Es una novela bastante escéptica. Marisa es escéptica, Rosa, Fran… Pero la vida me sorprendió a mí y traté de reflejarlo en la novela. Ana es el personaje que cambia. Como a la vez tengo una gran capacidad para ser feliz, traté de transmitirle este estado a mi personaje».

Puedes tomar los hilos temáticos de tu autobiografía como materiales para la ficción. En *Confesiones de un burgués*, de Sándor Márai, ya aparecen los ejes de sus novelas: la obsesión por escribir, el periodismo, sus amantes, su matrimonio, el sentimiento de desarraigo y el alcoholismo.

Por otra parte, todo es relativo en el territorio literario, tanto que a menudo se borran las fronteras y lo que sostiene a una novela puede sostener a tu autobiografía y viceversa.

Por ejemplo, esta descripción de *Relatos de viento y de mar*, de Giorgio Bertone, podría ser una metáfora del sentimiento del autor, y podría ser un comienzo de una obra de ficción o el de una autobiografía:

El viento es invisible. Eso lo pone en la misma categoría de cosa como el amor, el odio, la política, que encontramos difíciles de explicar e imposibles de ignorar. Lo recibimos directamente como fuerza que da forma a nuestra vida, pero los conocemos solo indirectamente a través de sus efectos sobre nosotros y sobre el mundo.

Puedes hacer la misma prueba con muchas novelas escritas en primera persona.

¿Cómo se hace?

¿Cómo trabajar los aspectos testimoniales para convertirlos en ficción?

En principio, no intentar el reflejo mimético de la realidad. Posiblemente, la idea a seguir para obtener los mejores resultados es la de reinventar los datos cotidianos: partir de un dato real, pero transfigurado literariamente.

Siguiendo las puntualizaciones de Juan Villoro, enuncio dos mecanismos para convertir en literario lo real:

Desordenar el conjunto

«Algo que realmente haya ocurrido, desordenarlo para que ocurra de otro modo en la literatura. Todo esto sin llegar a lo fantástico ni a lo sobrenatural, salvo en ciertas zonas de umbral donde se confunde un poco lo real con lo fantástico».

Resaltar ciertos detalles

«Creo en el peso de los detalles insignificantes, cómo un objeto mínimo puede adquirir un valor simbólico y cómo una cuchara en una historia puede ser tan importante como la espada *Excalibur*. Este tipo de valor agregado a los objetos cotidianos me parece que puede ser muy importante en la escritura. A mí me gusta mucho y he procurado hacer una narrativa que se construye desde la visualidad y el peso significativo de los detalles».

Emplear lo experimentado por ti para incluir en una novela es una ventaja y un riesgo. Una ventaja, porque lo conoces tan bien que, seguramente, tendrá fuerza y credibilidad. Un riesgo, porque con anécdotas no se escribe una autobiografía.

Entonces, al traspasar lo real a la novela, trata de trabajar lo observado y experimentado como a través de una lente que selecciona y recorta.

Toma los detalles más significativos, más evocadores, y dales una precisión narrativa que los destaque en la intriga.

En síntesis, aprovechar lo autobiográfico no es contar episodios completos de tu vida personal, tal y como sucedieron, sino las reverberaciones que unos y otros episodios te han dejado.

- La autobiografía: Está construida sobre la verdad de la historia personal.
- La novela autobiográfica: Está construida sobre la ficción (o sea, la mentira), pero una ficción sostenida por datos biográficos concretos, destacados y trabajados como disparadores de la intriga.

Veamos:

Puede aportar mucho la autobiografía a la ficción si tienes la capacidad de desnudarte hasta las últimas consecuencias y de poder inventar lo que haga falta para reforzar la ilusión de verdad.

Lo que importa es que haya una historia y unos personajes que afecten al lector y que el relato le haga creer que es una confesión aunque sea una invención. Narra la ficción partiendo de lo autobiográfico, pero no le hagas decir a un personaje lo que dirías tú, otórgale vida propia.

Extrae de tu autobiografía no solo el hecho en sí, la anécdota, sino la emoción o la conmoción que cierto momento vivido te ha suscitado y te suscita.

Al mismo tiempo, las experiencias pasadas te facilitan los modos de ser de más de un personaje.

Son las personas que conociste y las que conoces las que te aportan más elementos, modos de actuar, de relacionarse, de expresarse, argumentos, etcétera.

Al respecto, cuenta Isabel Allende que su madre, con quien se cartea a diario porque ella vive en San Francisco y la madre en Chile, le cuenta sueños, recetas e historias antiguas, nunca recientes, porque tiene miedo de que si le cuenta historias de personas vivas, ella las saque en sus libros.

Y añade Almudena Grandes: «Los personajes que no se te parecen hay que trabajarlos mucho, no puedes perderlos de vista, te obligan a interrogarte continuamente si lo que les pasa es verosímil. Pero los que se te parecen son peligrosos, te duelen más; porque, al afrontarlos, removemos episodios de nuestra vida que no nos gustan».

Una persona real no es solo una lista de características físicas con un nombre. Los pensamientos de una persona real, sus palabras y sus acciones revelan su carácter real y su personalidad, y estos pensamientos, palabras y acciones son motivados por dos cosas: su trasfondo (lo que sus circunstancias han hecho de ellos) y sus emociones (qué sentimientos tienen hacia sus circunstancias).

Es conveniente conocer los caracteres de los personajes antes de escribir sobre ellos: su origen, su educación, sus costumbres, su entorno (porque estos factores habrán influido en sus actitudes), sus prejuicios, los miedos, las ambiciones (porque afectarán y motivarán sus reacciones, sus circunstancias y a las de otros personajes).

Manuel Vázquez Montalbán comenta lo siguiente sobre su personaje Carvalho: «Aunque la frase de Flaubert 'Madame Bovary soy yo' ya parezca una frase hecha, en realidad tiene mucho de verdad y también mucho de mentira. Cuando un autor inventa a sus personajes, les aplica la conducta que él mismo tendría si fuese ese personaje, y al final, ya sea un detective, un fascista, una mujer o un torturador, siempre hay parte de ti en cada uno de ellos, sin que esto implique una identificación. Obviamente, Carvalho es mucho más anarquista que yo, mucho más nihilista, su relación con la cocina es mucho más neurótica. O sea, una suma de conexiones y desconexiones».

La historia de vida en la ficción

- Como novela. En algunas, el tinte autobiográfico es explícito, como *Filomeno a mi pesar*, de Gonzalo Torrente Ballester, subtitulada «Memorias de un señorito descolocado», y dice: «Esta idea de escribir me surgió de pronto, casi al llegar aquí, y recobrar el mundo de mis recuerdos».

   En *Nubosidad variable*, Carmen Martín Gaite recurre a los escritos personales de dos mujeres que cuentan su intimidad; una, a través de un diario íntimo y, la otra, a través de cartas, son formatos de la escritura autobiográfica.

   Christa Wolf, en *Muestra de infancia*, dice que inventa situaciones, como si fuera una novela para investigar su pasado, y relata su propia vida: su marido, su hermano, sus hijas, su casa e incluye sueños, anécdotas, letras de canciones, recetas de cocina, textos de tarjetas postales.

- Como cuento. Es un fragmento de vida, un fogonazo y puedes elaborarlo contando una situación experimentada o de un incidente que te perturbó.

- Como guion cinematográfico, el de Ingmar Bergman, en *Infiel*. Está basado en un episodio real de Bergman que lo traumatizó, y solo pudo desarrollar cuando visualizó la voz de la protagonista. Lo construye a partir del escritor que trata de recordar y crear, empleando el monólogo y el diálogo permanente, especialmente con la actriz (que representa a su primera mujer y el drama del divorcio).

- Como poesía. Se puede hablar de uno mismo en un poema directa o indirectamente. En principio, el poeta despliega su subjetividad. La poesía lírica siempre está protagonizada por el yo, por sus estados anímicos y emocionales. Te permite crear a partir de ti mismo. Se dice que el discurso de la poesía es el discurso autobiográfico más auténtico, dado que pone en escena el mundo íntimo del poeta y responde a las preocupaciones existenciales.

En el siguiente poema, *Método de lectura*, José Antonio Labordeta habla de su historia con los alumnos de bachillerato:

Mientras vosotros estáis con los grafismos
contándome la historia de los tiempos
escribo en el silencio de las aulas
palabras nostálgicas, recuerdos.

Mientras vosotros habláis de socialismo
de movimiento obrero, de Bismarck el guerrero,
contemplo los objetos perdidos en el cielo
y escribo versos, tiernos versos de amor y regocijo.

Mientras crecéis para hombres y mujeres
y del ojo infantil os cuelga tanta vida,
asumo nostálgico este tiempo
que apenas si me queda entre mis dedos.

Mientras vosotros vais,
yo vengo.
Doloroso es cruzarse en el camino.

El autorretrato es un formato común en la poesía. El de Rubén Darío comienza: «Yo soy aquel que ayer no más decía...»; el de

Ramón del Valle Inclán: «Este que veis aquí, de rostro español y quevedesco, de negra guedeja y luenga barba, soy yo: Don Ramón María del Valle Inclán...»; o el de Antonio Machado, titulado *Retrato*: «Mi infancia son recuerdos de un patio de Sevilla, y un huerto claro donde madura el limonero».

Puedes contar tu historia como una sucesión de poemas independientes, o en uno largo; como Wordsworth en *El preludio*.

- Como escena teatral. Total o parcialmente, la narración literaria puede escribirse en forma de diálogo como una escena de una obra, tomando fragmentos de tu vida en los que hubo un intercambio significativo de palabras con un familiar o un amigo, y completando la escena con material de tu imaginación.

En cualquier caso, escribir sobre uno mismo exige un tratamiento literario. De no ser así, estarías escribiendo un testimonio, solo atractivo para ti y no una narración que puede ser leída por el público.

Aspectos de tu experiencia que puedes trasladar a la ficción

El lugar evocado

Es prácticamente imprescindible conocer los lugares que describes en una obra literaria para que esa descripción contenga tu mirada y así resulte más vívido ese lugar.

Asocia las etapas de tu vida a los lugares donde has vivido o donde has estado más o menos tiempo, todos dejan alguna marca. Considéralos como hitos en el camino que te ha traído hasta hoy.

Escucha lo que dice Faulkner: «Con *Sartoris* descubrí que mi propia parcela de suelo natal era digna de que se escribiera acerca de ella y que yo nunca viviría lo suficiente para agotarla mediante la inmersión de lo real en lo apócrifo».

Entonces, te conviene mirar cómo presentan los lugares los novelistas que a menudo se convierten en un personaje más.

Juan Villoro dice que sus relatos ocurren en sitios que podrían pertenecer a la realidad mejicana: una frontera de contrabandistas en el norte, un equipo de segunda división en el Caribe, una pensión en la ciudad de México, pero él los transforma en espacios de la imaginación. Por ejemplo, de manera simbólica, en el relato *La alcoba dormida*, la pensión está en una calle llamada «Licenciado Verdad». Existe realmente esa calle en México, pero a él le parece sugerente que Licenciado, que es el rango que se le da a los políticos, y que es como un rango de *status* en México, se utilice para un apellido, el apellido de La Verdad.

Puedes contemplar el París de Simenon en sus novelas, es el de los años 30 y 60 del siglo veinte, y verás de qué modo lo muestra, de la mano del comisario Maigret con su sombrero y la pipa, asiduo visitante del 36 del Quai des Orfèvres, que sigue siendo la sede de la Policía Judicial, y que vivía en el 132 del Boulevard Richard Lenoir, y del café Royal Turenne o la rue Voltaire. Y en Montmartre, la rue Caulaincourt, mencionada en unas diecinueve novelas.

Y aunque las historias de Camilla Läckberg transcurren en el distrito de Bohusländ, su principal punto de referencia es Fjällbacka, su pueblo natal, un puerto de apenas novecientos habitantes que parece salido de un cuento de hadas, a medio camino entre Gotemburgo y Oslo. Escoge la iglesia, el cementerio, la plaza Ingrid Bergman, el puesto de policía.

LA CONFESIÓN DE MARIO VARGAS LLOSA

«Conservaba dos imágenes distintas de "la casa verde". La primera, ese maravilloso palacio de los médanos que yo había visto solo de fuera y de lejos, y más con la imaginación que con los ojos, cuando era un niño de nueve años, ese objeto insinuante que azuzaba nuestra fantasía y nuestros primeros deseos y que estaba prestigiado por los rumores enigmáticos y los comentarios maliciosos de la gente mayor. La segunda, un burdel pobretón a donde íbamos, siete años más tarde, los sábados de buenas propinas, los alumnos del quinto año de media del Colegio San Miguel. Estas dos imágenes se convirtieron en dos casas verdes en la novela, dos casas separadas en el espacio y en el tiempo, y erigidas, además, en diferentes planos de realidad. La primera, "la casa verde" fabulosa, se proyectó en un remoto y legendario prostíbulo cuya sangrienta historia sería conocida únicamente a través de los recuerdos, las fantasías, los chismes y las mentiras de la gente de la Mangachería. La segunda sería algo real y objetivo, algo así como la otra cara, el reverso pedestre e inmediato de la mítica, dudosa institución: un burdel de precios módicos donde los mangaches iban a emborracharse y a comprar el amor».

Ciertos personajes

Personajes también evocados, totalmente o en parte, un rasgo, una actitud, un sentimiento, pueden ser el disparador apropiado.

Así lo cuenta también Vargas Llosa, quienes fueron sus inspiradores y cómo los convirtió en personajes de su novela: «Recordaba bastante bien las caras y (aunque de esto no estoy ahora totalmente seguro) los nombres de los tres componentes de la orquesta: Anselmo, el arpista viejo y ciego; el joven Alejandro, guitarrista y cantor, y Bolas, el musculoso tocador del bombo y los platillos. Conservé esas caras y nombres en la novela. pero tuve que añadir a esas elusivas siluetas unas biografías repletas de anécdotas. El joven Alejandro tenía nombre y rasgos románticos: le inventé una historia de amor sensiblera, como las que cuentan los valses que él cantaba. El físico imponente del Bolas me sugirió de inmediato a un personaje clásico convencional: el gigante de corazón tierno y bondadoso, como el

Porthos de *Los tres mosqueteros* o el Lotario de Mandrake el mago. En Anselmo resucité un personaje caro a todo entusiasta de novelas de caballerías y de películas de aventuras (sobre todo westerns): el forastero que llega a una ciudad y la conquista. Siempre había tenido debilidad por los melodramas mexicanos; para humanizar un poco al «desconocido solitario», añadí a la historia de Anselmo un episodio sentimental resueltamente truculento. Para ello aproveché el recuerdo de una novela de Paul Bowles, *El cielo protector*».

Un objeto

A menudo, un objeto nos conecta con nuestras emociones y nuestros recuerdos. Puede avivar nuestra memoria a partir de su presencia, su olor o su textura. Ante un objeto, podemos revivir una situación, o al menos evocarla y sentirnos tristes o alegres según lo que el objeto nos provoque. Es famosa la magdalena de Proust, cuyo aroma le despierta un mundo de sensaciones. La copa de champagne es el objeto que Amelie Nothomb utiliza como motivo temático en Petronille para sugerir qué es la amistad. O el reloj con tres esferas, de los relatos de Simenon, que permanece en una esquina del Pont Saint Michel, de París.

El filósofo François Wahl dice: «Creo que Francis Ponge, intentando describir un jabón, y esforzándose sin tratar jamás de describirlo, dejando restos de vacío entre sus fragmentos, experimenta más fuertemente la ausencia de lo que él creía que estaba allí».

Un ejemplo para reflexionar: en la escena del suicidio de Ana Karenina, la atención de Tolstoi se concentra en el bolso de la heroína.

Un ambiente

A menudo solemos recordar un momento vivido y la atmósfera de ese momento, el ambiente, el compendio de varios elementos que se pueden retomar en la novela como tal.

La respuesta de Georges Simenon: «¿Cómo escribo una novela? Es bien simple: pienso en un sitio en el que haya vivido y recreo el ambiente. Vivo en él. Recompongo en mi espíritu los olores, los colores, el clima. Me pregunto: ¿cómo era?, ¿qué hacía?, ¿qué pasó?»

Imaginar aquello que no te llegó a ocurrir pero te pudo haber ocurrido es un trampolín de la autobiografía a la ficción.

Lo confirma Murakami refiriéndose a *La muerte del comendador.*

LA CONFESIÓN DE MURAKAMI

«Cuando escribí la novela pensaba en la posibilidad de haber tenido un hijo. Quise imaginar qué hubiera pasado si, como le sucede al personaje, mi última novia hubiera tenido una niña y yo no hubiera sabido nada durante años. Hay una posibilidad muy remota, pero existe. Escribir novelas es perseguir posibilidades. Elegiste algo cuando tenías, digamos, 31 años y te trajo hasta aquí. Es lo que eres. Pero si hubieras tomado otra vía, tendrías una distinta. Tirar de esa probabilidad es el juego de la ficción. Veo mi literatura como la persecución de esas vidas diferentes. Todos vivimos en una especie de jaula, la que supone ser solo uno mismo. Como escritor de ficción, puedes salir y ser diferente. Eso es lo que estoy haciendo la mayoría de las veces».

Recursos escriturarios

Estos son algunos de los mecanismos que ayudan a producir ideas o a enriquecer la manera de relatarlas y que, además, te pueden permitir superar un bloqueo.

- **La pregunta es un recurso imprescindible.**

  Cada tanto, es conveniente que formules preguntas en distintas direcciones.

  Decía Saramago: «Con la respuesta a la pregunta "¿quién soy yo?", uno empieza a contar su vida. En cambio, la pregunta que no tiene respuesta es: "¿qué soy yo?": no "quién", sino "qué". El que se haga esa pregunta se enfrentará a una página en blanco, y no será capaz de escribir una sola palabra».

  Entre otras, «¿estoy hablando de lo que quiero hablar?», cada tanto; «¿qué pasaría si…?» para continuar tu historia; ¿qué haría, pensaría o diría tal persona en la misma situación?, para probar otro punto de vista.

- **La conjetura es un buen ejercicio para la imaginación.**

  Frente a una situación vivida, lanza conjeturas sobre las consecuencias que podría haber tenido esa situación y, según cuál sea la consecuencia, sabrás a qué tipo de relato de ficción podría pertenecer.

  Por ejemplo, si la situación vivida fue esta: un tren aminoró la marcha, la vegetación que lo circundaba era tupida, se detuvo entre dos estaciones durante casi dos horas, las conjeturas podrían ser:

  1. Una plaga de insectos dificulta la visión del maquinista.
  2. Unos bandidos que aguardaban entre la maleza, amenazan al convoy.
  3. La maleza es cada vez más compacta y empieza a «tragarse» al tren.
  4. El maquinista desea que los viajeros disfruten del paisaje.
  5. El maquinista se está quedando dormido.
  6. El revisor se enamoró de una pasajera y quiere detener el tiempo.

El tipo de narración resultante:

1. ciencia ficción
2. narración de aventuras
3. narración fantástica
4. narración realista-bucólica
5. narración onírica
6. narración romántica
7. narración intimista
8. narración de suspense

- Otro buen recurso es **la reflexión**.

Te muestro como Ford usa conjeturas y reflexiones en su autobiografía de su madre, titulada *Mi madre, in memoriam*:

«—Ah —dijo mi madre. Y lo que fuese que había iluminado sus ojos se desvaneció de golpe. Y se reanudaron todas sus preocupaciones. Lo que subyaciera en ella antes de mi propuesta resurgió de nuevo—. Ya veo. De acuerdo. Yo hubiera podido evitar decir aquello. Hubiera podido decirle: "Sí, adelante con tus planes. Pase lo que pase, todo se solucionará. Yo me aseguraré de que así sea". Pero no fue lo que dije. En lugar de eso, preferí pensar en otro futuro, aplazando el futuro real. Ahora, al mirar atrás, creo saber de qué futuro se trataba. Y creo que ella también. Quizá se podría decir que en aquel momento fui testigo de cómo ella afrontaba la muerte. Vi cómo la muerte la arrastraba más allá de sus límites, y yo mismo sentí ese temor, temí a todo lo que sabía sobre la muerte, y me aferré a la vida, a la posibilidad de la vida. Quizá temí algo más tangible. Pero la verdad es que todo lo que hubiéramos podido hacer el uno por el otro ya no fue posible después de ese episodio. Desapareció. E incluso estando juntos, estábamos solos».

- **La repetición**, cuando cada una agrega una nueva información o tiene un sentido, como la usa Gabriel García Márquez, en *Cien años de soledad*:

  «Los escribía en los ásperos pergaminos que le regalaba Melquíades, en las paredes del baño, en la piel de sus brazos, y en todos aparecía Remedios transfigurada: Remedios en el aire soporífero de las dos de la tarde, Remedios en la callada respiración de las rosas, Remedios en la clepsidra secreta de las polillas, Remedios en el vapor del pan al amanecer, Remedios en todas partes y Remedios para siempre».

- **La elipsis** es similar al resumen, solo que en ella se omiten por completo los hechos ocurridos en un tiempo dado, aunque se hace referencia a ese lapso. Omitir es la función de la elipsis. Pero sugiriendo lo omitido. Alguien dijo que la parte omitida refuerza la historia y hace al lector sentir algo más de lo que ha comprendido. Es útil emplearla para pasar de un momento temporal (el nacimiento, por ejemplo) y en el siguiente párrafo, la protagonista es adulta.

- Otro recurso productivo es la **comparación**.

  La comparación es una herramienta poderosa. Para escri bir la biografía de Limonov, Carrère la empieza comparando con la suya.

  Puedes, por ejemplo, compararte con otras personas para saber más de ti. O comparar dos momentos vividos.

✍ EJERCICIO 34: Decisiones

Cuenta cómo hubiera sido tu vida si no hubieras tomado alguna de las decisiones que tomaste.

✍ EJERCICIO 35: Inicio

Escoge tres fragmentos de tu diario o de tu cuaderno de notas que te impacten emocionalmente y prueba a colocarlos como inicio de tu libro.

✍ EJERCICIO 36: Modular la voz

Concéntrate en tu estado anímico actual y, cuando tengas claro cuál es, escríbele una carta a un amigo. Cuéntale lo que te ocurre sin usar una sola palabra abstracta (pena, alegría, tristeza, desazón, melancolía...).

Repite el ejercicio con otro estado anímico.

Compara las dos versiones y averigua cuál te resulta más afín. Allí podría radicar un matiz de tu voz propia.

✍ EJERCICIO 37: Personajes

Habla de tu abuela materna, la hayas conocido o no. De lo que sabes o crees acerca de cómo vivió en este mundo.

Habla de tu abuela paterna. De lo que sabes o crees acerca de cómo vivió en este mundo.

Habla de tu abuelo materno. De lo que sabes o crees acerca de cómo vivió en este mundo.

Habla de tu abuelo paterno. De lo que sabes o crees acerca de cómo vivió en este mundo.

Vincula por algún motivo a cada uno de ellos con tu tema central.

✍ EJERCICIO 38: Esporádicos

Relájate.

Cierra los ojos y di qué personaje esporádico o no (quién es) se cruza por tu mente. Escucha la frase que te susurra al oído.

Escribe quién es y qué te dice.

✍ EJERCICIO 39: Lista de roles

Responde a esta lista de tus diferentes roles en la vida:

- De hija/o
- De novia/o
- De madre
- De padre
- De jefe
- De hermana
- De hermano
- De amigo
- De amante
- De tía o tío
- De sobrina o sobrino
- De abuela
- De abuelo
- De nieta
- De nieto

✍️ EJERCICIO 40: Lista de guiones de vida

Son los núcleos temáticos que han marcado la vida de uno y de los que puedes desarrollar algunos, o todos por separado, y después ligarlos en un conjunto o no ligarlos y organizarlos como relatos independientes. Por ejemplo:

El guion de la amistad.
El guion de las enfermedades.
El guion de las culpas.
El guion de los deseos inconfesados.
El guion de los maestros.
El guion de las resistencias y temores.
El guion de las alegrías.
El guion de los desencuentros.
El guion de los amores.
El guion de los secretos de familia.
El guion de las equivocaciones y sus consecuencias.

✍️ EJERCICIO 41: Retrato

Imagina cómo te describen diferentes personas de tu entorno y algún desconocido que te cruzas ocasionalmente

✍️ EJERCICIO 42: Autorretrato interior

Responde las siguientes preguntas:

¿Por qué me irrito? O no.
¿Qué es lo que no puedo recordar?
¿A qué le temo?
¿Por qué vivo con prisas?
¿Por qué no me gusta el invierno? O sí me gusta.
¿Por qué me atraen los lugares deshabitados? O no.

✍ EJERCICIO 43: Lista de lugares vinculados al tema central (los lugares hablan)

Los lugares por los que pasaste.

Las ciudades que te impresionaron.

Las ciudades que te resultan insoportables.

Las ciudades en las que más tiempo has estado.

Las calles.

Los espacios abiertos como un parque, un estadio.

Los espacios cerrados como un hotel, una iglesia, una estación de
    tren, un centro comercial.

Los bares en los que viviste alguna experiencia.

Una casa.

Una habitación.

Un jardín.

El lugar más distante.

El más próximo.

El más reducido.

El espacioso.

El de algunos veranos.

El fatídico.

El de ciertos momentos festivos.

El de un encuentro amoroso.

Países

Ciudades

Pueblos

Sitios de veraneo

Aldeas

Barrios

Casas

Hoteles

Albergues

EJERCICIO 44: Filtro

Describe un lugar pasándolo por el filtro de tus sentimientos, de estas dos maneras:

Hablar de ese lugar tras pasar por una situación triste.
Hablar de ese lugar tras pasar por una situación alegre.

EJERCICIO 45: Episodio

Piensa en un episodio muy impactante de tu vida y escribe un relato a medida que lees las preguntas. Siempre el mismo relato:

¿Qué te ocurrió?
¿Dónde ocurrió?
¿Qué hiciste?
¿Qué detalle de ese momento recuerdas? (¿un objeto, un adorno, un acompañante, un testigo, o qué?)
¿Qué otra cosa podrías haber hecho y no hiciste?
¿Qué pensaste?
¿Qué dijiste?
¿Qué sentiste?
¿Cuáles fueron las consecuencias?

EJERCICIO 46: Versiones

Confronta distintas versiones de la misma experiencia. Escribe una escena vivida.

Vuelve a esa escena y complétala. Agrega lo que no dijiste acerca del entorno o de cualquier otro detalle que no mencionaste en el apunte anterior.

✍ EJERCICIO 47: Párrafos

Escribe un relato de 4 párrafos en el que cada párrafo empiece por las siguientes frases:

1. Me equivoqué
2. Me pareció ver
3. Quise decírselo pero no pude
4. Imaginé las consecuencias

✍ EJERCICIO 48: Núcleos

- ¿Y si me hubiera equivocado?
- Me pareció ver.
- Se lo dije desde el fondo de mis tripas.
- No me di cuenta.
- Aunque hubiera querido.
- Lo supe en ese mismo momento.

✍ EJERCICIO 49: Escribe tu día en 4 escenas

Sin pensarlo demasiado, en cada rectángulo escribe escenas de tu día: el fragmento de una conversación, un detalle de una persona que te cruzaste, lo que viste por la ventana, una casualidad. Lo que sea que te haya llamado la atención y te haya quedado grabado sin que te lo propusieras.

Establece un orden y conectores entre las escenas.

✍ EJERCICIO 50: Método Copo de nieve

Parte de una sinopsis resumida (una frase). La amplías hasta formar escenas, capítulos, etc.

✍ EJERCICIO 51: Método de los tres actos

- Primer acto: La escena de apertura presenta el personaje, el entorno y el conflicto. El hecho desencadenante ocurre pronto y pone a tu personaje en el camino que lo llevará al conflicto principal, que se presenta al final del primer acto y es un primer punto de inflexión.
- Segundo acto, la acción deberá llegar a su clímax hacia la mitad. A veces esto se conoce como *inversión*, porque lo cambia todo. Y finaliza con un nuevo punto de inflexión.
- El tercer acto llega a un nuevo clímax y finaliza con el desenlace, puede ser una resolución del conflicto o un final abierto.

✍ EJERCICIO 52: Método de la pirámide de Freytag

Divide tu relato en los siguientes pasos:

1. Exposición: Se ofrecen los datos más importantes para empezar a entender la historia.
2. Desarrollo: Se amplía la trama.
3. Punto decisivo: Una decisión fundamental, una gran revelación... se trata de un momento de cambio importante.
4. Clímax (punto culminante): El momento de mayor tensión, resultado del punto anterior.
5. Desenlace: El clímax va bajando y vamos conociendo sus consecuencias.
6. Final: Se cierra la trama.

CUARTA PARTE

LAS CONSECUENCIAS Y CÓMO ACABAR

Te advierto: Aborda la revisión disponiéndote a pulir tu diamante para que brille con el mismo placer o más que con el que te dispusiste a escribir tu historia de vida.

Vívela como un acto de descubrimiento. Descubre qué es lo que puede cambiar para que tu relato sea memorable.

Para ello, no hagas de entrada correcciones de estilo, «entra» al texto sin expectativas, como si se tratara de un armario del que no sabes bien lo que contiene y leas hasta encontrar algo valioso o bello, tal vez una frase, una expresión, una idea. Márcala. También marca las lagunas a rellenar. Por último, las reiteraciones.

En general, lo que más abunda como aspecto a mejorar es la carencia de detalles particulares y concretos, la tendencia a generalizar. Marca eso para hacer los cambios pertinentes: si dice «Vi un pájaro», tal vez deberías haber dicho «vi un colibrí», y si no te queda claro qué clase de pájaro era, di «Me pareció que era un colibrí», pero no te quedes con la información general: *pájaro*, sino que especifica.

Muy importante: revisa sin olvidar (y tratando de recuperar) el motor de tu primer impulso para escribir tu historia. Si es necesario, espera hasta que vuelva aquel entusiasmo.

Un buen ejercicio para comprobar de qué has hablado (se puede hacer al iniciar la escritura o al abordar la revisión) es sintetizar la idea central del conjunto, así sea un libro completo, en un párrafo o, mejor aún, en una frase. Haz la prueba. Esta idea condensada te permite avanzar en la reescritura sin perder de vista el eje central del relato. *Por ejemplo,* una idea motriz condensada en una frase podría ser: «La sociedad provinciana puede aniquilar el espíritu libre de una mujer casada», corresponde tanto a *La Regenta* de Leopoldo Alas como a *Madame Bovary* de Flaubert. Sin embargo, para *Madame Bovary* también es esta otra: «Una mujer cree que la vida es como la que lee en las novelas románticas, choca con la realidad y acaba suicidándose».

Imagino que lees esta parte cuando has acabado de escribir tu historia de vida, o al menos de reunir el material para elaborarla. Te sugiero que guardes el manuscrito durante una semana o más. Es un descanso para que tu mente se distraiga y retomes la lectura con cierta distancia.

Mientras la escribías, tu autobiografía te habrá ofrecido las claves para revisitar el pasado y comprender el presente. Ahora, una vez escrita, seguramente te otorga la serenidad que proporciona saber más de ti.

Unos corrigen infinidad de veces, otros prefieren no cambiar nada. Ni un extremo ni el otro es aconsejable. Deberías ser todo lo objetivo que puedas al valorar lo que has escrito. Se trata de mejorar, pero no de cambiar lo esencial. El riesgo es que, al eliminar, reemplazar o agregar, sin darte cuenta alteres la impresión que quieres dar. Unos corrigen en cuanto colocan el punto final porque tienen más claro lo que pretenden decir. Otros guardan el manuscrito semanas o meses y lo leen como si fuera ajeno.

Corregir apenas o corregir todo el tiempo, como el pintor Bonnard que visitaba los museos con una pequeña cartera y, cuando pillaba al guardián distraído, sacaba un pincel y retocaba sus cuadros.

Sea como sea, te toca revisar.

Ya sabes que todo relato tiene que insinuar a su modo el posible desenlace. El desenlace es la culminación, la apoteosis. Decía Samuel Goldwyn que toda historia tiene que comenzar con un terremoto e ir a más.

Pero, cuidado, hay muchísimas historias que tienen un arranque brillante y se van desinflando a medida que progresa el relato. Entonces, durante el desarrollo, la curva dramática establece el ritmo y el ritmo asegura que la historia no decaiga.

En un texto literario, el final o el desenlace son la consecuencia de la historia previa, que debe contener indicios. Por eso, los buenos escritores y los cineastas saben que un final puede iluminar una historia o apagarla, saben que el final tiene que ser inesperado, pero lógico.

Pensé esta parte como repaso y ajuste de lo anterior, y agrego estrategias para revisar y mejorar lo que llevas escrito.

PARADA 13: REPASO. REVISIÓN Y AJUSTES

Una descripción tiene que ser funcional, debe sugerir algo más, como hace Tolstoi.

Sus descripciones son dramáticas: en *Ana Karenina*, describe con minuciosidad el lugar donde va a suceder la carrera de caballos, y sitúa al lector en el escenario de un hecho esencial para la historia, porque, cuando cae el conde Vronski, Ana se levanta aterrada, y esa reacción despierta la sospecha de su esposo, Karenin.

No te doy «recetas», este es un trabajo tan personal como la primera escritura. Simplemente, te comento aspectos a tener en cuenta porque observo que siempre deterioran una historia. ¿De acuerdo?

Para empezar, ¡cuidado con las descripciones! Como alerta, transcribo un párrafo de una lúcida crítica de Alberto Olmos, da igual de qué novela se trata, podría ser aplicable a muchas, y dice así:

> «Cuando llega el muerto, yo estaba tan empachado de salones, techos y hojaldres que no me enteré muy bien qué importancia tenía ese cadáver comparado con que la criada llevara la cofia derecha».

10 aspectos para tu repaso

1. **El tema** es la idea que subyace detrás de la historia. Normalmente se describe con una palabra como supervivencia, descubrimiento, traición, huida, o una frase como «La mujer que vivía el amor como una novela rosa» (*Madame Bovary*).

2. **El hilo central** le da un sentido de unidad global a la historia narrada y sostiene el tema. Si es claro y firme, provoca, sorprende o anima a los lectores.

3. **Los detalles.** Para evocarlos y recrearlos, recurre a los cinco sentidos como guía: la vista, el tacto, el sonido, el olfato y el sabor. ¿Qué veías? ¿Qué sentías al tocar determinado objeto? ¿A qué te conduce ese sonido? ¿Qué sabores persisten en ti?

4. **El período de tiempo y el lugar.** ¿La historia que narras corresponde a tu vida entera o a un período muy significativo? No pienses que debes contar lo que ha pasado antes de que la historia principal empiece. Si lo necesitas puedes recurrir a los *flashback*, que te permiten intercalarlo en el presente de la narración.

5. **El comienzo.** Un buen modo de empezar tu historia de vida es hacerlo en un punto de crisis o de cambio, de modo que el lector se interese en cómo respondes a eso.

6. **La emoción.** La emoción otorga la fuerza narrativa, hace vívida la historia. Además de mostrar qué pasó, muestra qué

has sentido, qué consecuencias te provocaron tus circunstancias. Enumera las emociones que has citado para controlar la curva dramática.

7. **El conflicto.** Ya sean conflictos externos o internos, vinculados a un estado de ánimo o a un sentimiento, evita el relato lineal.

8. **La tensión.** Tensión no es lo mismo que conflicto. Es lo que mantiene pendiente al lector. Se puede provocar guardando una información hasta el final o mediante pequeños momentos de tensión que dan lugar a un cambio en la historia.

9. **Mostrar es contar en lugar de explicar**

   Se trata de mostrar a tus personajes de manera visceral, mediante una imagen sensorial o un tratamiento escénico en el que los conflictos se deduzcan, pero no nos lo explique la voz narrativa. Los lectores quieren ver a los personajes en acción, no que les digan sus características, revelar detalles específicos y relevantes, descubrir el significado a través del comportamiento o los detalles indirectos.

10. **Apunta a lo social, a lo universal.** *El arco de Ulises*, de André Gorz es una carta de amor a su mujer enferma y es, a la vez, la historia de Europa del siglo xx.

Para ajustar

El primer capítulo: Los novelistas del siglo xix comienzan la mayoría de las veces apaciblemente, por la descripción de un paisaje, o por la del contexto familiar del héroe, que todavía no ha sido presentado. Los lectores contemporáneos son más exigentes y prefieren sumergirse directamente en la intriga. Necesitan engancharse de tal modo que casi se vean obligados a continuar la lectura. Así, puedes comenzar la historia antes de una crisis, al principio de la crisis o en su punto álgido. No hay que esperar demasiado tiempo antes de clarificar la situación: situar al lector, darle el hilo.

Debe presentar al personaje y definir el conflicto. Algo diferente pasa, necesitas decirlo, por eso lo cuentas y abres una compuerta. Conviene no plantear demasiadas cuestiones desde el principio, no introducir demasiados personajes, no ahogar al lector con una cantidad de informaciones es la clave de la claridad.

Debe dejar abierta una interrogación. ¿Quién es ese narrador cuya madre acaba de morir? ¿Cómo podrá el protagonista encontrar el camino que desea hallar? ¿Por qué uno de los personajes está triste, o colérico, o inquieto? ¿Quién es el asesino? Conviene colocar al personaje principal y su entorno en las primeras líneas para que de entrada el lector se familiarice con él y sepa situarse en la trama: la idea es contar qué pasa y a quién le pasa para que el lector se interese y pueda seguir el desarrollo de los hechos. Es más interesante contar cómo pasó que qué pasó.

Este primer capítulo puede cambiar a medida que avanzas, puede pasar al medio o ser el final de la novela. Pero siempre es una señal, un rastro a seguir.

Cómo continuar: Hay quienes tienen pensada la novela completa y la inician por la primera página y siguen ordenadamente hasta el final. Los hay que avanzan por distintos caminos (que unen en torno a un común denominador). Los hay que empiezan por el final. Es como un viaje: si parte en coche sin tener ninguna idea del trayecto, cabe la posibilidad de que no llegue a ninguna parte, aunque también puede ser que por el camino tenga encuentros no previstos que le resulten más atractivos. Cada novelista suele tener un método propio. Dice Calvino: «Siempre parto de una imagen que me persiga un tiempo. La rodeo de detalles, dejo que me proporcione una escena y le pregunto qué es lo que hace ahí. Por qué está ahí y hacia dónde va».

El último capítulo: Todo en una intriga debe cumplir una función. Así, el final tiene que ser evidente con respecto a lo que pasó antes, debe ser un desenlace que el conjunto de la historia «pida». La precipitación es el enemigo de un buen desenlace. A la vez, hay que acabar la novela con contundencia, sin extraviarse en comentarios ni justificaciones ni añadir elementos innecesarios.

Las conexiones. Cada frase o cada episodio debe tener una conexión con los demás. Cada vida está compuesta por innumerables episodios que nos pueden conmover, pero el inventario de episodios vividos es lo que debes evitar.

La trama no debería ser una sumatoria ni una sucesión de sorpresas, sino una sucesión cada vez más emocionante de descubrimientos o de momentos de comprensión.

Pregúntate si conviene cambiar el capítulo inicial y llegar tal vez a otro final. Por ejemplo, recuerdo una novela procedente de una historia autobiográfica que narraba la historia de una mujer que se enamora de otros hombres mientras está con su marido, pero cuando él se enferma, ella se desmorona, y cuando él muere, tiene un intento de suicidio. Contada así, provoca sorpresa.

Le propusimos a la autora que se replanteara el inicio, de modo que con ese mismo argumento llegaría a otro final y la historia no se quedaría solo en la sorpresa, sino que se potenciaría.

«Pero ocurrió así, tal cual», dijo ella con una expresión de «no sé cómo hacerlo».

Simplemente, tenía que hacer un cambio de orden en la trama: en lugar de que la historia empezara cuando la protagonista se suicida, debía probar que empezara por cuando, en el funeral de él, ella está desolada y se pregunta por qué razón, si a menudo se enamoraba de otros hombres y parecía no necesitarlo, justo en el momento en que él muere, también muere una parte de ella. Lo hizo así y la historia creció. En lugar de provocar solo sorpresa, ahora abría interrogantes al lector, que deseaba saber qué pasaría a partir de allí, en su mundo íntimo y en su vida, qué haría con eso.

Las descripciones no deberían resultar sosas o desvaídas

La descripción no se puede hacer sin saber qué función cumple en la intriga.

Para precisarla, cuando se trata de un lugar, deberías haber establecido:

1. la función del lugar general que has escogido y que contiene el suceso central,
2. la función particular que ejerce en tu relato.

Ambas deben notarse, aunque no lo expliques y ambas te habrán influenciado a la hora de desarrollar la descripción.

Puedes compararlas con las de varias películas que sitúan un argumento distinto en el mismo lugar: la estación Central Termini de Roma, como escenario de fondo. Se percibe claramente la función general de la estación, un moderno muelle de mar donde miles de personas pasan por allí, se encuentran y se separan, y a la vez allí llegan o desde allí se dirigen a uno u otro lugar.

Estas son las funciones particulares:

En un cortometraje titulado *Roma Termini*, ocultos por la multitud, hay cuatro personas para las que la función de la estación es la de una casa impersonal para comer, encontrar el dinero, el sueño, que los protege del frío y les ayuda a encontrar una manera de vivir sin nada. Entre todas estas personas surgen cuatro historias, que se despliegan poco a poco desde el escenario de fondo de la estación.

En *Estación Termini*, un largometraje dirigido por Vittorio de Sica la estación contiene el conflicto de dos amantes que se despiden, la despedida es sinónimo de infelicidad. Después de pasar unas vacaciones en Italia, Mary Forbes, una americana casada y con una hija, debe resolver si coger el tren para regresar a su país con su familia y reanudar su monótona vida o quedarse con Giovanni, su joven amante, su verdadero amor. Han vivido momentos que les confirman que la sociedad condenaría su amor, y finalmente no se enfrentan a ella.

En *A Roma con amor*, Woody Allen no filmó directamente en la estación, pero sí en sus aledaños, en el barrio de Monti, y la función es la creación de una atmósfera bohemia, tal como necesitaba para ambientar la historia.

Evitar las lagunas

En la relectura, puedes comprobar si quedan lagunas en la historia, falta de información acerca de algo que nombras, pero no aclaras, y rellenarlas.

Ya sabes que tus fantasmas forman parte de tu material autobiográfico. Las listas son una manera eficaz de contactar con los fantasmas. Los contenidos pueden ser más comunes o particulares, pertenecientes al mundo externo o interno y con lo que rescates puedes rellenar tus páginas ya escritas.

De las listas anteriores, que habrás completado, puedes rescatar escenas (gratas o ingratas). O una idea, una palabra, una imagen, una visión, un impulso o un sentimiento pueden indicar la existencia de un fantasma que puede ayudarte a completar tu libro.

Entre otras:

- La aprobación de los otros, ¿quiénes?
- Los deseos no alcanzados.
- Los secretos.
- Las personas que abren y las que cierran.

- Lo que diría, pero no digo.
- El empleo de mi tiempo.
- El valor de la angustia.
- Mi actitud ante el fracaso.

Pregúntate cómo podría conectarse esa escena con el texto a rellenar, ¿directamente o con algo intermedio?

Un ejemplo:

La escena: Me veo de pequeña cruzando el patio de mi casa mientras Blanca me dice algo.

La frase: El patio era el pasaje de la sombra a la luz, de las habitaciones oscuras donde mi recuerdo es que me dejaban con una chica que me cuidaba.

Las asociaciones que me provocó:

Fueron varias e incluí todas, de alguna manera, como relleno en distintos fragmentos:

La asocié con una escena de una película argentina en la que una chica hija de desaparecidos, que siempre soñaba con un patio de baldosas blanco y negro, y cuando el abuelo la encuentra y la trae a Buenos Aires, va a su casa y así es el patio.

Con las chicas de familias muy pobres de otras provincias a las que enviaban a trabajar a la capital como empleadas domésticas y mandaban su salario completo cada mes.

Con otras sombras.

Con mi deseo de luz y las marcas que me dejó en el presente. Entre otras, la emoción que sentí cuando vi en el mapa una ciudad que se llamaba San Juan de Luz.

En cuanto a las escenas

Toda escena debe tener un propósito evidente dentro de la trama. No es necesario que en cada una de ellas haya un acontecimiento extraodinario, pero tienes que tener claro qué aporta a la **historia**: ¿perfilar un personaje?, ¿distraer al lector en una investigación?, ¿revelar un secreto?, ¿mostrar la sociedad?

Pregúntate: ¿Qué representa para mí esta escena?

No la dejes interrumpida, con el fin de que el lector siga leyendo. Una escena comienza y se acaba. Que no se resuelva todo lo que contiene no es igual a cortarla antes de terminar el capítulo y la finalices en el siguiente. Es posible que el lector abandone la lectura.

Debes enlazarlas entre sí. Para que todo fluya en tu historia, de una escena a otra debe haber algún tipo de conexión, apenas notoria, cuando uno pasa de una a la otra. Por lo tanto, es fundamental marcar el tiempo, el espacio o la acción en cada escena.

Si la escena contiene diálogos, no muestres al personaje hablando del tiempo.

Los diálogos dan aire, el justito, pero meter a tu héroe rutilante hablando de que ayer se bebió un vaso de agua y comió atún, si esta información no es extremadamente importante para la trama, es defenestrar al muchacho. O, peor, hablando con otro y que la conversación sea un chorizo largo e intragable de vales, hasta luego, hola, qué tal, cómo estás, estoy bien, sí, no…

PARADA 14: ELIMINAR

García Márquez, que siempre quiso crear historias enraizadas en vivencias personales, tachaba páginas y párrafos completos e incluso pulía el texto palabra por palabra. En *Cien años de soledad*, por ejemplo, la frase «una copa de la azucarada substancia color de ámbar», se convirtió en «una copa de la substancia color ámbar», luego en «una copa de la substancia ambarina» y finalmente en «una copa de la sustancia ambarina».

A simple vista, estos cambios pueden parecer irrelevantes. Sin embargo, el autor aprendió que la magia de la literatura reside en los pequeños detalles. «Un escritor es aquel que escribe una línea y hace que el lector quiera leer la que sigue», le confesó a su amigo Guillermo Angulo. Para lograrlo, García Márquez podía comprimir las palabras, introducir un dato clave o añadir un giro poético o sensorial al lenguaje. Por ejemplo, Santiago Nasar, el protagonista de *Crónica de una muerte anunciada*, se apellidaba Aragonés, y al comienzo de la novela se levantaba «a las cinco de la madrugada» y no a «las 5:30 de la mañana», como en el texto final.

Se rodeaba de toda clase de ayudantes mientras escribía *Cien años de soledad*. Algunos, como asistentes de investigación para documentarse sobre temas, como las técnicas de alquimia empleadas por José Arcadio Buendía, las propiedades curativas de las plantas que usaba Úrsula Iguarán y la historia de varias guerras en Colombia y América Latina para las aventuras del coronel Aureliano Buendía.

Otros se reunían en su casa casi a diario y él les leía o les comentaba lo que había escrito a su esposa, Álvaro Mutis, su mujer y el matrimonio de la actriz María Luisa Elío y el cineasta Jomi García Ascot, y todos le daban ideas sobre cómo podía avanzar la historia de los Buendía. Cada sábado, mientras duró la redacción, el autor discutía las páginas escritas durante la semana con el crítico literario Emmanuel Carballo, quien le aconsejaba sobre la trama y los personajes. A Carlos Fuentes, le envió a París las primeras ochenta páginas del libro, y publicó una reseña elogiosa cuando le faltaban tres meses para terminarlo.

Es poco conocido que, un año antes de su lanzamiento en Buenos Aires, publicó los capítulos más arriesgados del libro en distintos medios: quería saber qué pensaban los lectores comunes, los críticos literarios, los lectores cultos y otros escritores e introducir cambios que mejorasen el texto final, como acabó haciendo.

«Es necesario despedazar muchas cuartillas para que finalmente uno pueda llevar al editor unas pocas páginas», dijo en una entrevista cuando tenía 28 años, poco después de publicar *La hojarasca*, su primera novela. «Quien no tenga vocación auténtica de escritor se desalienta».

¿Pero por qué y qué eliminar?

Se trata de recortar lo necesario y no lo prescindible.

Lo necesario es aquello que nos permite decir más de lo que la descripción misma expresa. Prescindibles son los datos correspondientes a todo el mundo en general.

O sea, de tomar lo sugerente: necesario porque sugiere.

Y eludir lo prescindible, lo que no es distintivo.

En este ejemplo, los datos son prescindibles por ser generales y reiterativos:

Soy morena, tengo el pelo renegrido. Alta, de un metro setenta aproximadamente. Mis ojos también negros.

No amplían el campo informativo: una persona morena es morena y nada más; con los demás datos ocurre lo mismo.

Se trata de retratar para sugerir. Conviene sugerir lo no dicho.

La tarea de selección (describir los ojos, la boca, las manos, los pies, el cuerpo entero, por ejemplo) nos debe proporcionar datos para sugerir nuevas informaciones, como en estos ejemplos:

Sugiere herencia: *tengo los ojos amarillentos como mi tía.*

Sugiere erotismo: *mi boca es carnosa como corresponde a una buena amante.*

Sugiere desprecio: *mis ojos son pequeños como los de las ratas.*

Sugiere horror: *soy solo mi sombra.*

Sugiere seducción: *mi cintura se destaca a través del vestido de gasa.*

En el siguiente fragmento de *La calma,* de Raymond Carver, la descripción externa del narrador es un retrato que sugiere otros datos:

Me estaban cortando el pelo. Yo estaba sentado en el sillón de la barbería, y en los asientos de la pared de enfrente se sentaban tres hombres. A dos de los que esperaban no los había visto nunca. Pero reconocí al otro, aunque no conseguía situarlo exactamente. Seguí mirándolo mientras el peluquero me cortaba el pelo. El hombre —rechoncho, de cabello ondulado y corto— jugueteaba con un palillo de dientes que tenía entre los labios. Y entonces lo vi con gorra y uniforme y pequeños ojos vigilantes en el vestíbulo de un banco.

De los otros dos, uno era mucho mayor que el otro, y tenía cabello abundante, rizado y gris. Estaba fumando. El tercero, aunque aún joven, estaba casi calvo en la parte superior de la cabeza, pero el pelo de los lados le caía sobre las orejas. Llevaba botas de obrero forestal y pantalones con brillo de aceite de maquinaria.

Conclusión: Elimina:

Las explicaciones obvias o innecesarias.

Las largas digresiones o las descripciones, si no cumplen una función específica y determinante.

Todo lo superfluo, que esté «de adorno» y no cumpla una función. Cualquier elemento que distraiga la atención del lector hacia temas colaterales.

Lo que no contribuya a la unidad. Los temas o ramas secundarias, que no dependan, de modo evidente o subyacente, del eje central.

Lo enfático. No confundas intensidad con énfasis. Para conseguir que el relato sea intenso, tienes que demostrar que te importa, debes sumergirte hasta el fondo. Pero no conserves la primera escritura, en la que te lanzaste de modo desenfrenado a aquello que te preocupa, por muchas metáforas que te enamoren y lamentes eliminar. Eso es catarsis y no literatura. La literatura se destila, pasa del sentimiento a la reflexión.

PARADA 15: CÓMO USAS EL LENGUAJE

ATENCIÓN: El modo en que usas el lenguaje, la elección de un adjetivo u otro, el ritmo del discurso, la calidez y la sonoridad de las palabras… son elementos que determinan de forma decisiva la calidad de la historia que hayas contado.

La gramática correcta hace que el discurso sea más fácil de entender. La gramática desordenada o errónea dificulta la lectura de un texto. La puntuación es la respiración del texto.

Puntuar bien para que el texto fluya

Distingue los usos de la coma en los siguientes párrafos:

Si mi mujer no hubiera estado encinta, habría oído ya sus pasos en el primer piso.

GEORGES SIMENON, *El tren*

Y ahora mi madre, una madre desinhibida, juguetona, voluntariosa y terca, mucho más bella y mucho más distante que todas las estatuas, una madre que nunca ha necesitado refugiarse en viejas catedrales…

ESTHER TUSQUETS, *El mismo mar de todos los veranos*

La Marce, su amiga, la del tercero, acostumbraba meter la nariz donde no le importaba.

MIGUEL DELIBES, *La hoja roja*

El uso incorrecto de la gramática diluye o cambia el sentido de tus ideas.

Uso consciente del adjetivo

Es sumamente útil y significativo si se lo usa únicamente con precisión, puede enriquecer un texto. No lo uses por comodidad. Jorge Luis Borges lo usa muy pocas veces, pero de modo original, inesperado, contradictorio. Guy de Maupassant usa el adjetivo sencillo, Edgar Allan Poe, el «terrorífico». Escucha a Horacio Quiroga: «No adjetives sin necesidad. Inútiles serán cuantas colas de color adhieras a un sustantivo débil. Si hallas el que es preciso, él solo tendrá un color incomparable. Pero hay que hallarlo».

La acción mediante las formas verbales

Aprender a reconocer las formas verbales es esencial para plantearte el ritmo del texto. El modo es la actitud del narrador o el modo de referir los hechos. A través de él podemos expresar distintas ideas: modo indicativo (expresa la realización de un hecho: *Luis llegó hoy*);

modo subjuntivo (expresa deseo, incertidumbre, temor, finalidad: *Luis tal vez venga mañana*); modo imperativo (expresa imposición, permiso o pedido: *Luis, ven mañana*).

Otto Jespersen desarrolló un esquema basado en la necesidad, la posibilidad, útil para recurrir al campo verbal. Los divide en:

Los que llevan un elemento de voluntad:

- La orden: Ve.
- La compulsión: Él tiene que ir.
- La obligación: Él debería ir.
- El consejo: Deberías ir.
- El ruego: Ve, por favor.
- La exhortación: Vayamos.
- El permiso: Puedes ir, si quieres.
- La promesa: Iré.
- El deseo: Con tal de que esté todavía vivo.
- La pena: ¡Si estuviera todavía vivo!
- La intervención: Para que pueda ir.

Los que no llevan ningún elemento de voluntad:

- La necesidad lógica: Dos veces dos son necesariamente cuatro.
- La necesidad intuitiva: Tiene que ser rico, si no, no podría gastar tanto.
- La afirmación: Él es rico.
- La probabilidad: Probablemente es rico.
- La duda: Puede ser rico.
- La capacidad: Él sabe hablar.
- La condición: Si es rico.
- Lo irreal: Si él fuese rico.
- La concesión: Aunque es rico.

Los verbos comodín son aquellos que sirven para todo y no expresan casi nada. Es conveniente no utilizarlos en exceso pues conducen a la imprecisión; procura sustituirlos por otros más concretos. Son: *ser, estar, tener, haber, hacer, poder, decidir.*

El gerundio produce falta de dinamismo en la expresión. Es conveniente evitar los gerundios en sí, se pueden reemplazar por tiempos de indicativo, tanto presentes como pasados.

Al reescribir, se pueden sustituir los gerundios por tiempos de indicativo, tanto presentes como pasados:

NO: *Quise salir de la habitación resultándome imposible.*

SÍ: *Quise salir de la habitación. Me resultó imposible.*

De una carta de Anton Chéjov a Máximo Gorki. 3 de septiembre de 1899

Un consejo más: al corregir las pruebas, tacha muchos de los sustantivos y adjetivos. Usas tantos sustantivos y adjetivos que la mente del lector es incapaz de concentrarse y se cansa pronto. Si yo digo: «El hombre se sentó sobre el césped», lo entenderás de inmediato. Lo entenderás porque es claro y no pide un gran esfuerzo de atención. Por el contrario, si escribo «Un hombre alto, de barba roja, torso estrecho y mediana estatura, se sentó sobre el verde césped, pisoteado ya por los caminantes; se sentó en silencio, con cierto temor y tímidamente miró a su alrededor», no será fácil entenderme, se hará difícil para la mente, será imposible captar el sentido de inmediato. Y una escritura bien lograda, en un cuento, debería ser captada inmediatamente, en un segundo...

Un relato está compuesto por palabras y expresiones

De las palabras que las constituyen y la vinculación entre ellas depende la eficacia. Elige una y no otra, organízalas según su grado de efectividad.

Mira el ejemplo que da Patricia Highsmith: «La frase "El hombre de los pantalones azul marino y camisa deportiva color verde esperaba con impaciencia en la fila", no es igual a esta otra: "El hombre de los pantalones azul marino y camisa deportiva color verde esperaba en la fila". La expresión "con impaciencia" crea cierta tensión emocional, pues si el hombre iba solo a ver una película, ¿por qué iba a estar impaciente? Sin embargo, en menos de treinta líneas el lector averigua que el hombre ha comprado una entrada y ha saludado a unos amigos, no porque iba a ver la película sino porque quería tener una coartada. En menos de cincuenta líneas salió del cine y se dirigió a cometer un asesinato». Así comienza su novela *El cuchillo*.

Y frases

Decía Patricia Highsmith: «Es sorprendente ver cuán a menudo una frase apuntada en una libreta produce inmediatamente otra frase».

A mayor tensión de lo narrado, frases breves; a mayor morosidad, frases largas. Es conveniente que una escena violenta sea contada de forma breve y contundente; una escena sentimental, de forma descansada.

La frase corta es conveniente para expresar mensajes contundentes:

En un texto autobiográfico: *Nací muerto* (una metáfora proveniente de Pablo Picasso).

En un texto de ficción: *Sacó la pistola y disparó.*

En un texto informativo: *Murió el presidente.*

La frase larga es conveniente para expresar mensajes morosos:

Estaba indeciso ante la escena indescriptible que le tocaba enfrentar en esa casa de los suburbios donde no valía la pena sacar la pistola y disparar, pero debía hacerlo.

ATENCIÓN: Evita la sintaxis caótica. Se deben escribir las partes de la oración en el orden correcto. Si este aspecto no se domina, es preferible emplear el orden más simple: Sujeto - Verbo - Objeto directo - Objeto indirecto - Complemento.

ATENCIÓN:
- Controla la coherencia temática. Suprime del conjunto, de un párrafo o de una secuencia, los aspectos que desvíen la atención del lector porque no pertenecen a esa historia.
- La formulación de la idea principal debe ser clara, así como las ideas principales de los párrafos. Todas deben estar vinculadas al hilo principal.

✍️ Ejercicio 53: Combinar

Copia en fichas todos los finales que se te ocurran para un relato y todos los inicios. Prueba distintas combinaciones entre unos y otros hasta encontrar la más eficaz.

✍️ EJERCICIO 54: Prueba de control 1

Investígate como personaje. *Pregúntate:*

¿Es más notorio lo que dices, lo que haces, lo que piensas?

Explorar si alguno de estos modos debería reemplazarse o ampliarse para reforzar la historia.

Si has empleado el diálogo, comprueba que los interlocutores no hablen todos de la misma manera, con el mismo tipo de vocabulario, los modismos, las expresiones, el énfasis, las ideas, si hablan de acuerdo con su personalidad.

✍️ EJERCICIO 55: Prueba de control 2

Responde a estas preguntas sobre tus descripciones y corrige lo que no funcione:

¿Acelera la narración?

¿La detiene?

¿Insinúa posibilidades de acción?

¿Refuerza el misterio?

¿Completa la vida o el momento vivido del personaje?

EJERCICIO 56: Prueba de control 2

Responde a estas preguntas sobre cada una de tus escenas y corrige lo que no funcione:

¿Es necesaria?

¿Qué función cumple?

¿Presenta su propio conflicto o su centro temático?

¿Qué aspecto aporta al conjunto?

¿Es visual?

¿Está bien ambientada?

¿Es particular o es una escena que resulta conocida?

EJERCICIO 57: Prueba de control 3

Rellena con sustantivos concretos las líneas de puntos del siguiente texto, y después compáralos con el original:

«...................... también soñó que llegaba, en .... de ...., a la .... donde se saben los .... A su lado, sentada en el ...., iba .... llevaba una .... viva bajo el ...., que iba a trabajar en su ...., y................. traía un inmenso .... lleno de .... y .... de.................... Estaba el .... muy lleno de .... Todos marchaban hacia la .... de los ...., y hacían mucho .... y metían mucho .... ensayando los .... que iban a soñar, así que .... andaba refunfuñando porque no la dejaban concentrarse como es debido.

Este es el original (de Eduardo Galeano):

Helena también soñó que llegaba, en carro de caballos, a la casa donde se sueñan los sueños. A su lado, sentada en el pescante, iba Pepa Lumpen.

Pepa llevaba una gallina viva bajo el brazo, que iba a trabajar en su sueño, y Helena traía un inmenso baúl lleno de máscaras y trapos de colores. Estaba el camino muy lleno de gente. Todos marchaban hacia la casa de los sueños, y hacían mucho lío y metían mucho ruido ensayando los sueños que iban a soñar, así que Pepa andaba refunfuñando porque no la dejaban concentrarse como es debido.

✍ EJERCICIO 58: Puntuar

Pon signos de puntuación a este fragmento del último capítulo de *Ulises*, de James Joyce:

Sí porque anteriormente él jamás había hecho algo parecido a pedir su desayuno en la cama con dos huevos desde el hotel City Arms en que se le dio por hacerse el enfermo en la cama con su voz quejosa mandándose la parte con esa vieja bruja de señora Riordan que él creía forrada en y no nos dejó un cuarto de penique todo en mesas para ella y su alina la gran avara siempre andaba con miedo de gastar cuatro peniques para su mezcla de alcohol etílico y contándome todos sus achaques tenía demasiada charla de vieja acerca de la política y los terremotos y el fin del mundo tengamos ahora un poco de diversiones mientras podemos si todas las mujeres fueran como ella naturalmente que nadie le pedía que usara trajes de baño y escotes supongo que su piedad provenía de que ningún hombre la miró nunca dos veces espero no ser nunca como ella milagro que no quería que nos tapáramos la cara pero era una mujer bien educada sin duda y su charla acerca del señor Riordan por aquí y el señor Riordan por allá supongo que se alegró de librarse de ella y su perro oliéndome la piel y siempre dando vueltas para meterse debajo de mis enaguas especialmente sin embargo me gusta eso en él cortés con las ancianas así y mozos y mendigos tampoco se siente demasiado orgulloso de nada

🖋 EJERCICIO 59: Reemplazar

Cambia las comas del siguiente fragmento por punto seguido o punto y aparte y observa la variación del sentido que se produce:

«(...) y teníamos noticias verídicas de que él no volvió a ser el mismo de antes por el resto de su vida, nadie tuvo el derecho de perturbar sus insomnios de huérfano durante mucho más de los cien días del luto oficial, no se le volvió a ver en la casa de dolor cuyo ámbito había sido desbordado por las resonancias inmensas de las campanas fúnebres, no se daban más horas que las de su duelo, se hablaba con suspiros, la guardia doméstica andaba descalza como en los años originales de su régimen y solo las gallinas pudieron hacer lo que quisieron en la casa prohibida cuyo monarca se había vuelto invisible, se desangraba de rabia en el mecedor de mimbre mientras su madre de mi alma Bendición Alvarado andaba por esos peladeros de calor y miseria dentro de un ataúd lleno de aserrín y hielo picado para que no se pudriera más de lo que estuvo en vida (...)»

Gabriel García Márquez, *El otoño del patriarca*

🖋 EJERCICIO 60: Guía para la revisión

Pregúntate:

¿El principio es el mejor principio?
¿El final es el mejor final?

¿Hay entre ambos algún tipo de transformación?

¿Los personajes se diferencian entre sí? ¿Tienen una motivación para hacer lo que hacen o decir lo que dicen?

¿La estructura es clara y concisa?

¿El eje central se transforma a medida que la historia avanza en lugar de introducir elementos que nunca se retoman?

¿La historia es creíble aunque sea real?

¿Es apropiado y consistente el punto de vista?

¿El tono narrativo ha sufrido cambios radicales sin una motivación lógica?

¿Crees que fluye, que una frase te lleva a la siguiente?

¿Son visuales las descripciones?

¿Se destacan los hechos relevantes?

¿El final recoge los hilos tendidos desde el inicio?

Recomendaciones finales

Puesto que escribir tu vida es imaginar diferentes posibilidades para esa vida y ver un futuro más allá del presente...:

Escribe lo que hubo y te da placer recordar.

Inventa lo que no hubo con la convicción de que ocurrió. Por consiguiente, conviertes en recuerdo lo inventado. Recordar e imaginar forman parte de tu autobiografía y con el paso del tiempo son similares. De este modo, acabas viviendo lo que te hubiera gustado vivir, sobre todo si lo cuentas por escrito.

Repara en que la escritura autobiográfica te descubre ante ti y te aporta material para una novela

Hazte también preguntas incómodas.

Date permiso para ser como eres.

No busques el sentido de la vida. Chéjov dijo en una ocasión que la vida era una zanahoria (interprétalo como quieras) y que cada hora era preciosa.

Retomando la metáfora de la cebolla, es cuestión de desprender las capas, hurgando en ellas hasta el final, resistiendo aunque te lloren los ojos.

Ten en cuenta que escribir sobre lo que te pasa te salva del caos.

Registra también la gran historia de las pequeñas cosas.

Escribe con la imperiosa voluntad de comunicar con un interlocutor (que puede ser uno que habita en tu interior).

Lee tratando de «escuchar» la voz de tus escritores preferidos.

Practica cada tanto una mirada diferente de la realidad.

Recupera tus fantasías de la infancia (te darán pautas acerca de tu verdadero propósito).

Es conveniente preguntarse, como sugiere Lejeune, si la reconstrucción de la propia vida corresponde a «un momento de indagación dialéctica, un momento de vértigo o uno de metamorfosis».

Presta atención, presta atención, presta atención… y recurre también a tus ojos invisibles, o fija la mirada sin pudor en lo que te sorprende. Después, cuéntalo a tu manera.

Leonard Cohen llegó a tardar hasta ocho años en terminar una canción. Cuenta acerca de la vez que rompiste una promesa.

Trata de que a tu lector le dé pena que se acabe tu libro. Y si lo has escrito para ti, que sientas un cambio en tu manera de estar en el mundo.

Todo es digno de ser apuntado: el interés depende del modo de mirar y de recortar lo que durante el día has vivido. La vida es muy rica. Decía Stevenson que lo que pasa en cinco minutos supera todas las palabras y las imágenes de Shakespeare.

Repara en las palabras que más repites cuando escribes y en los signos de puntuación que prefieres, te darán pautas de tu personalidad.

Condensa tu vida en un adjetivo y tira de ese hilo hasta alcanzar tu cielo.

Te pase lo que te pase, en lugar de verlo como un peligro, míralo como un enriquecimiento y escribe sobre eso. Confía en las anomalías de la existencia como el mejor material creativo y escribe el libro que te gustaría leer.

Escribe lo que te provoca añoranza.

Escribe lo que sabes, pero no entiendes del todo. Que tu meta sea conseguir una atmósfera atractiva y una historia coherente es la meta si decides escribir a partir de ti mismo, para que al volver la vista atrás y retomar los hitos que han marcado tu vida, te dé pautas para vivir tu presente y le resulte memorable al lector.

Y tu historia le habrá dado un sentido a tu sombra.

Por mi parte, siempre que acabo un libro, imagino el inicio de otro.

Escríbeme si tienes alguna pregunta durante la elaboración de tu libro: silviadelakohan@gmail.com